U0621337

第二辑

XINGZHENG SHIYE DANWEI GUANLI KUAIJI ANLI

行政事业单位
管理会计案例

中国总会计师协会管理会计分会
教育部财务司　编

经济科学出版社
Economic Science Press

图书在版编目（CIP）数据

行政事业单位管理会计案例. 第二辑/中国总会计师协会管理
会计分会 教育部财务司编 . —北京：经济科学出版社，2018.7
ISBN 978 – 7 – 5141 – 9540 – 8

Ⅰ.①行…　Ⅱ.①中…　Ⅲ.①单位预算会计 – 案例 –
中国　Ⅳ.①F812.2

中国版本图书馆 CIP 数据核字（2018）第 161383 号

责任编辑：于海汛
责任校对：郑淑艳
版式设计：齐　杰
责任印制：李　鹏

行政事业单位管理会计案例（第二辑）
中国总会计师协会管理会计分会
　　　　　　　　　　　　　　　　　　编
教育部财务司
经济科学出版社出版、发行　新华书店经销
社址：北京市海淀区阜成路甲 28 号　邮编：100142
总编部电话：010 – 88191217　发行部电话：010 – 88191522
网址：www. esp. com. cn
电子邮件：esp@ esp. com. cn
天猫网店：经济科学出版社旗舰店
网址：http：//jjkxcbs. tmall. com
北京季蜂印刷有限公司印装
710 × 1000　16 开　12.25 印张　140000 字
2018 年 8 月第 1 版　2018 年 8 月第 1 次印刷
ISBN 978 – 7 – 5141 – 9540 – 8　定价：35.00 元
（图书出现印装问题，本社负责调换。电话：010 – 88191510）
（版权所有　侵权必究　举报电话：010 – 88191586
电子邮箱：dbts@ esp. com. cn）

前　言

近年来，财政部先后印发了一系列关于管理会计的文件：2014 年 10 月印发了《财政部关于全面推进管理会计体系建设的指导意见》，正式拉开了我国发展管理会计的大幕；2016 年 6 月印发了《管理会计基本指引》，迈出了建立我国管理会计指引体系的重要一步；2016 年出台了《会计改革与发展"十三五"规划纲要》，指出要加强管理会计指引体系建设，推进管理会计广泛应用，提升会计工作管理效能；2017 年 10 月印发了《管理会计应用指引第 100 号——战略管理》等 22 项管理会计应用指引。随着这一系列文件的印发，我国以管理会计基本指引为统领、以管理会计应用指引为具体指导、以管理会计案例示范为补充的管理会计指引体系已初具规模。

管理会计是会计的重要分支，主要服务于单位内部管理需要，以服务"管理者"为根本，运用管理会计工具方法，参与单位规划、决策、控制、评价活动并为之提供有用信息，提升内部管理水平，增强企业价值创造力，提高行政事业单位资金使用效益，推动单位实现战略规划。

我国管理会计的发展是与国家经济的转型升级分不开的。肖捷同志在《加快构建中国特色管理会计体系》一文中指出：

"我国经济发展进入新常态，增长速度要从高速转向中高速，增长方式要从规模速度型转向质量效益型，经济结构调整要从增量扩能为主转向调整存量、做优增量并举，发展动力要从主要依靠资源和低成本劳动力等要素投入转向创新驱动……同时，全面深化改革进入攻坚期和深水区，需要提高整体效能，扩大改革受益面，发挥好改革先导性作用。这些都对会计工作提出了新的更高要求。要进一步提高对管理会计重要性的认识，激发管理活力，增强企业价值创造力，推进行政事业单位加强预算绩效管理、决算分析和评价，发挥好财政在国家治理中的基础和重要支柱作用。"

一直以来，广大行政事业单位财务工作者虽然对管理会计理论研究不深，工具方法了解不多，但在自发而为和"不知在做"的财务管理实践中，也创造出不少好的属于管理会计范畴的方法和经验。近年来，一些教育部直属高校通过学习财政部印发的管理会计系列文件，学习、了解和掌握各种管理会计工具方法，并将其应用于财务管理实践，取得了较为明显的成效。在本书管理会计案例中，有战略管理在高校财务规划中的应用；有消除信息孤岛、建立统一的高校科研财务管理系统；有加强高校风险管理、构建风险数据库；有全面预算管理在高校的实施；有高校固定资产全生命周期管理；有高校财务管理信息系统建设等。

为了在行政事业单位宣传普及、推广应用管理会计，我们于2016年3月编辑出版了《行政事业单位管理会计案例》（第一辑），拟通过案例示范，促进行政事业单位对管理会计理念、工具方法的了解和运用。现在，我们根据收集来的教育部直属高校管理会计案例，按照财政部会计司《管理会计案例格式文本》要求，编辑出版了《行政事业单位管理会计案例》（第二辑），供行政事业单位学习参考。

　　本书由中国总会计师协会管理会计分会和教育部财务司合作出版。教育部财务司负责组织收集稿件，中国总会计师协会管理会计分会副会长邹平负责筛选和编辑。中国总会计师协会和教育部财务司领导审阅了案例。

　　由于水平所限，本书不妥之处，恳请读者批评指正。

中国总会计师协会管理会计分会

教育部财务司

2018 年 6 月

目　　录

战略管理在高校财务规划中的应用

……………………………………… 上海交通大学

　　　　王光艳　范悦敏　方淑津　张湘怡　冯　叶（1）

消除信息孤岛，建立统一的科研财务管理系统

…………………………… 电子科技大学计划财务处

　　　　易雪辉　张　维　于　超　张新杰（22）

加强高校风险管理，构建风险数据库

……………………………………… 复旦大学财务处

　　　　高　嵩　翟小芹　刁宇婴（45）

固定资产全生命周期管理

……………………………………… 西南大学财务处

　　　　任元明　陈建英（74）

全面预算管理在上海交通大学的实施

……………………………………… 上海交通大学

　　　　王光艳　范悦敏　吴　瑕　张湘怡　顾凌燕（92）

湖南大学学院财务状况分析评价体系

……………………………………… 湖南大学

　　　　尹谷良　黎峥强　邹雨杉　张冰莹

　　　　赵娟娟　陆海云　穆　琪（110）

高校财务管理信息系统建设

··· 吉林大学财务处

姜　南　陈　俊　狄成宇（129）

嵌入 PDCA 循环的高校项目经费管理实践

··· 南京大学

葛晓冬　李　婧　王　健　许　莹（151）

构建全员参与的高校预算管理体系

··· 北京中医药大学财务处

洪宝林　周宇琼　王　芳　于慧芳　罗　存　王伟晴（175）

战略管理在高校财务规划中的应用

上海交通大学

王光艳　范悦敏　方淑津　张湘怡　冯　叶

【摘要】管理会计在衔接单位战略、财务规划和计划、预算中发挥重要作用。高校财务规划应充分运用管理会计的分析方法和思维理念进行编制与实施，成为学校未来一段时期内战略规划实施的保障。上海交通大学财务规划的编制和实施，体现了战略管理在高校的实践应用，实现了对历年财务发展趋势的分析和总结，在研究面临的国家宏观经济形势和政策的基础上，着力对接学校各项事业发展规划，明确规划期间财务运行和资金保障的目标。学校财务工作以财务规划为纲领，衔接年度工作计划和预算的编制，有序实现财务规划目标，提升了财务管理水平，提高了学校经济实力。

一、背景情况

（一）学校基本情况

上海交通大学是教育部直属并与上海市共建的全国重点大学，经过120多年的不懈努力，上海交通大学已经成为一所"综合性、研究型、国际化"的国内一流、国际知名大学。截至 2016 年底，学校共有 28 个学院/直属系，21 个研究院，13 家附属医院，2 个附属医学研究所，12 个直属单位，6 个直属企业；有全日制本科生 16195 人、研究生 30270 人，学位留学生 2401 人；有专任教师 2835 名，其中教授 891 名。有中国科学院院士 22 名，中国工程院院士 24 名。近年来，学校在党中央关于"建设中国特色世界一流大学"的战略部署下，结合发展实际情况，确立了三步走建设中国特色世界一流大学的奋斗目标，系统谋划学校发展战略，坚持以一流为目标、以学科为基础、以绩效为杠杆、以改革为动力，积极探索中国特色的世界一流大学和一流学科建设之路，着力破除体制机制障碍，努力成为世界高等教育改革发展的参与者和推动者，努力开创建设世界一流大学的新局面。

（二）战略管理中财务规划的必要性

学校高度重视未来发展战略的思考和长期发展目标的制定，是国内较早开展战略研究并付诸实践的学校，从"十五"以来，逐步形成了"顶层设计、宏观调控、目标管理、绩效评价"为主要特征的战略管理模式。学校通过科学合理地制定战略规划目标，有效实施战略规划，为学校未来发展指明了方向，也明确了实施路径。学校发展战略目标是建设成为"综合性、研究型、国际化的中国特色世界一流大学"，在这个目标的指引下绘制学校的战略地图，制定战略重点、建设内容、改革重点和保障举措等内容的规划体系。

财务规划是落实学校发展战略的重要保障举措之一，对接学校事业发展规划，通过多元化筹资和配置资源等财务活动保证学校发展战略目标的实现，不断推进财务运行和资金保障工作，为各项战略重点提供资源和条件支持。学校财务规划和发展战略紧密相连，财务规划为学校战略提供现状分析和资源配置基础，发展战略又对财务规划具有导向作用，只有好的财务规划才能有效保证学校的战略目标得以实现，学校的发展战略也必须落实到具体的财务管理活动和切实可行的财务规划上来。

（三）财务规划的现状和问题

1. 财务规划的制定与发展战略有效结合有待增强

学校在制定战略规划进程中，不断推进学校发展战略目标与各专项规划的紧密衔接，而作为专项规划的一部分，财务规划与学校发展战略、其他专项规划之间的匹配度、结合度，决定了财务规划在实现战略目标中的保障和推进作用。因此，学校财务规划应在考虑财务规模的基础上，重视在资金保障方面的作用，有效避免学校规划的战略目标和财力资源支撑举措存在脱节的状况。

2. 财务规划的实施机制有待完善

学校财务部门在全面加强财务管理工作的基础上，积极应对国家政策变化，拓宽多元化筹资渠道，挖掘内生动力，优化资源配置，对财务规划实施过程进行有效控制，建立全方位、分层次的财务保障机制，为学校各项事业的发展提供良好的财务运行环境，是财务规划有效运行的基础。因此，学校应进一步优化学校的财务管理状况，提高财务规划实施效率。

3. 财务规划的全员参与程度有待加强

财务规划的编制和实施，以往只有财务部门的部分人员参与其中，全员参与意识不强，主要强调自上而下的顶层设计，但是自下而上的支撑力度不够，一般员工对财务规划的理解和认同不足，这个现状在一定程度上也弱化了规划的推进工作，因此做好财务规划，还需进一步提升全部财务人员对规划工作的参与度和工作的热情。

4. 财务规划的阶段性考核有待强化

财务规划一般周期为 5 年，时间跨度较长，规划目标在如何分解为年度计划，落实到年度预算执行中，在实施过程中仍存在一定的难度。因此，还需要细化落实财务规划的阶段性考核工作，重点加强财务规划各项目标的绩效考评，确保资源配置和学校的战略规划发展目标相匹配，提升资金使用效益。

二、以学校发展战略为导向的财务规划总体设计

（一）财务规划的实施目标

学校的财务规划主要以推进学校实现发展战略为目标，根据中长期发展纲要或事业发展规划等确定的发展愿景，在综合考量以前年度财务状况，分析宏观经济政策基础上，制定学校财务长远发展目标。重点遵循业财融合原则，形成学校战略管理和财务管理的衔接机制，实现发展战略和财务计划的有机融合，财务计划和工作任务对接，任务和资源的匹配，保证学校

战略目标的实现。

(二) 财务规划的设计理念

财务规划推进过程中，学校充分运用管理会计的理念和分析方法进行编制与实施，对财务规划涉及的各个方面进行梳理，重点提炼财务规划的制定和实施的有机应用体系。通过建立完善前一期的规划评价结果反馈、分析规划面临的内外部环境和可利用的资源等方法，制定财务规划目标体系，建立财务规划实施机制，在规划期内评估规划完成情况，实行动态调整机制，对当前期间规划进行综合评价等，不断推进学校财务管理水平，完善财务运行机制，拓宽资金渠道，合理安排资金需求，发挥资金最大效益。

(三) 相关管理会计工具方法的应用

学校以战略目标为指引，综合考虑学校自身特点，对接学校财务面临的环境，运用管理会计方法制定和实施财务规划。采用的管理会计工具方法主要包括战略地图、态势分析法、关键绩效指标法。

1. 战略地图

学校战略管理重点运用战略地图，首先，制定建设世界一流大学的"三步走"发展战略目标。其次，紧紧围绕发展目标和愿景，从学科、师资、教学、科研和声誉等方面明确具体的建设目标和建设内容。最后，细化重点建设内容的相关规划，如学校财务规划的研究制定，也是紧紧围绕战略地图，规划部门、财务部门和院系建立协同工作机制，全面落实学校发展战略愿景在财务（多元化筹资渠道）、客户（学生和家长在教学和科研培养方面的需求）、内部（师资培养）和学习（学校声誉）层面的相互推进。

2. 态势分析法

学校财务规划重点运用态势分析法，从比较优势、发展瓶颈、历史机遇和严峻挑战等四个方面分析学校财务管理的优势劣势、机遇和挑战。主要是全面梳理学校各项财务运行机制的运行轨迹，分析目前面临的经济、政策和监督等形势，总结目前财务管理精细化的发展趋势和发展要求，对财务业务活动提出了相对明确的规划要求。据此，形成以财会基础规范建设为基础，以财务信息化建设为纽带，以财会队伍建设为重点，衔接计划与预算管理、决算与成本管理、税收管理、收费管理等各项业务活动的财务规划体系。

3. 关键绩效指标法

学校财务规划从战略地图的客户和学习成长等角度，理清学校财务管理的服务对象，研究财务管理优势，分析政府机构、校友等可利用的资源，特别是在收入和支出规划目标上，建立关键指标体系，如制定学校政府拨款、科研经费等收入构成关键指标，测算学校在职人员支出、福利及补助支出等可实现的关键指标。

三、财务规划的制定

学校财务部门高度重视财务规划的编制和实施工作，建立落实规划的组织保障机制，成立财务规划专项工作小组，全面负责财务规划编制工作的领导、组织、协调、编制和实施工作，分管财务的校领导任组长，财务处长任副组长，各科室负责人任组员，各科室成员参与和完成规划制定和实施工作，完善财务规划组织机制。财务部门立足学校战略目标，积极思考，努力创新，制定了集财务管理发展方向和资金保障规划等内容的财务规划，并积极推进财务规划的实施。

（一）制定财务规划的前期准备

学校财务规划目标制定的过程，是在分析宏观背景与经济环境等内外部环境以及前期的财务情况的基础上，查找问题及面临的挑战，梳理学校事业发展规划以及专项规划对财务规划的具体要求，以问题为导向，设定预期目标，合理制订财务运行保障和资金配置的规划目标。

1. 紧扣学校战略地图要义

充分认识学校战略地图是做好财务规划的基础。学校战略地图中明确建设世界一流大学的时间表，理清学校建设世界一流大学的宏观思路；紧紧围绕世界一流目标，对各主要办学指标进行量化比较研究，形成切实可行的核心指标；同时，加强规划对学校和院系具体工作的指导作用，研究和制定发展瓶颈的突破路径；将提升管理水平的关键指标与过程考核、目标考核相结合，确定综合改革、改善民生、智慧校园和多元筹资等重点保障措施，推动各项事业的快速发展（见图1）。

愿景使命	综合性、研究型、国际化的世界一流大学 □ 人类的知识殿堂　　　□ 全球的学术重镇 □ 国家的创新源泉　　　□ 精英的成长沃土				
阶段目标	2020年：跻身世界一流大学行列				
	2015年：形成独特的核心竞争力				
核心指标	一流学科	一流师资	一流教学	一流科研	一流声誉
战略重点	①加强学科体系建设	②一流人才高地建设	③创新人才培养体系	④科技创新能力建设	综合改革 改善民生 智慧校园 多元筹资 三区联动 执政能力
	⑤国际合作与交流	⑥增强社会服务能力	⑦绿色可持续校园	⑧推进大学文化建设	
战略选择	转变发展模式，促进差异竞争				
战略动因	顺应社会环境变化	突破发展瓶颈问题		继续保持快速发展	

图1　战略地图

2. 基于内外部环境分析

在内外部环境分析的过程中，从财务的视角，主要采用态势分析法，从比较优势、发展瓶颈、历史机遇和严峻挑战等四个方面分析学校财务管理的优势劣势、机遇和挑战。从外部整体形势来看，预计未来国家在加大教育投入的同时，将不断深化财税改革，更强调对教育经费的科学化精细化管理，并不断加强对教育经费的监管。从内部环境来看，一方面，学校事业发展规划需要财务部门在资源配置和财务管理等多方面给予支持，另一方面，院系和教职工也更加关注学校财务管理工作。

通过分析可以发现，学校财务管理目前面临的形势是机遇大于挑战，优势和困境并存。因此，学校财务管理应主动转型发展，增强抓住机遇能力，体现在财务规划目标中，要以财会基础规范建设为基础，以财务信息化建设为纽带，以财会队伍建设为重点，衔接计划与预算管理、决算与成本管理、税收管理、收费管理等各项业务活动上建立全面和完善的财务管理体系。

3. 开展财务状况分析

财务情况分析主要是对学校的年度收支进行比较和趋势分析，并对标国内外高校，总结学校财务管理的现状和存在的问题。

收入情况主要按收入来源分析政府拨款、教育收费、科研经费和其他收入等一级收入指标，以及中央政府拨款——基本、中央政府拨款——项目、地方政府拨款——基本、地方政府拨款——项目、本科生学费、研究生学费、住宿费、专业学位培养费、函大、电大、夜大及短训班培训费、纵向科研经费、横向科研经费、投资收益、利息收入、捐赠收入和其他收入等二级收入指标在上个规划期间的年度构成和增长趋势情况，并结合国家各项政策的变化，提炼收入数据的变化情况和存在的问题。

支出情况主要按支出性质分析教育支出、科研支出和行政管理支出等支出的构成和增长趋势情况；按支出用途分析在职人员支出、福利及补助支出、日常运行支出和资本性支出等支出的构成和需求趋势情况，梳理学校资金需求变动总体情况。

同时，通过基本数据分析，细化收支趋势分析。主要是对学生规模、教职工情况等基础数据情况进行统计，分析学校的学生和教职工等一级指标，本科生、全日制硕士生、全日制博士生、非全日制研究生、留学生、成教及网络教育学生、在职人员、项目聘用人员和临时聘用人员等二级指标的构成和变动情况，对比日常拨款和教育收费收入的变动趋势，分析在职人员支出的增长情况。

此外，通过标杆分析，明确收支管理目标。主要选取国内同类和同城高校，以及国外标杆学校，对收入和支出情况进行对比分析，研究与对标学校之间的优势和差距，制定学校收支目标，为下一步确定发展方向进行具体的指引。

（二）财务规划框架和目标的制定

根据学校规划的框架和部署情况，学校财务规划的主要内容包含财务运行规划和资金保障规划两个方面的内容，其中财务运行规划为财务管理与会计服务提供保障运行的政策与制度规划；资金保障规划为学校财力筹措和资金需求规模的目标规划。

1. 财务运行规划目标

财务运行规划的重点在于不断推进精细化和规范化的财务管理，不断夯实基础，提升会计核算质量，完善学校预决算管理体系，加强中央专项、科研经费等专项经费的规范化建设，提高财务管理信息化水平，重点推进财务管理的制度化建设工作。

2. 资金保障规划目标

资金保障规划在分析上个规划期间学校收支情况和以后将面临的经济形势及各项政策的基础上，结合未来几年国家和学校的发展趋势，对接学校发展规划中对人才引进、学科建设、国际交流、校园文化、学校基本建设等重点工作建设需要，提出经费保障方案，做好规划期限内的收入和支出预测工作，从而形成财务规划的各项关键指标。

收入规划主要采用关键指标法，确定政府拨款、科研经费、教育收费和其他收入4个关键指标，在关键指标的测算上，科学合理并以学校发展目标为导向确定规划目标。以上个规划期间末年为基期，按平均增长率为测算基础，同时按不同的收入来源，综合考虑不同的影响因素，采用线性增长、零基测算等方法进行分类的预测和调整。如政府拨款规划的编制主要考虑经济形势和学生规模；教育收费规划的编制主要考虑学生规模和收费标准因素。

支出规划基于收支配比的前提，对接学校事业发展规划，进一步落实学校"以人为本、支持发展"的原则，加大重点投入，厉行节约，统筹确定规划目标。如对于在职人员经费规划的测算，首先梳理研究人才培养专项规划中关于人才结构和规模的规划情况，形成学校在职人员总体规模；其次对接学校薪酬改革情况，研究薪酬改革体系和投入情况；再者，结合国家地方关于薪酬增长的基本趋势，以及社会保障政策调整情况，测算规划期间在职人员薪酬总量。对于学生资助经费的测算，分析学生资助经费占学校总支出的比例，对接学生资助体系规划，按基本生活津贴、科研助教、奖助学金等具体资助类型进行测算。基建大修经费的测算，主要对接学校校园可持续发展专项规划中的基建支出规划和修缮支出规划进行测算。

四、财务规划的实施

（一）建立工作计划和责任落实机制

学校财务规划工作小组全面负责规划执行的领导、组织和协调工作。根据财务规划的目标，制订年度工作计划，研究实施细则，明确职责和任务，将规划中的各项工作落实到人，加强可操作性。在规划执行过程中，结合国家政策，针对遇到的瓶颈问题确定工作重点，真正做到用规划来指导学校的财务管理工作。

（二）推进财务规划目标的分解和落实

学校财务规划的目标一般为五年中长期目标，主要指引学校未来财务发展的目标方向，因此，在财务规划的实施过程中，很重要的一点就是将中长期的规划目标进行分解，明确各阶段性目标，并以阶段性目标为基础，落实各项工作，匹配需要的资源有序推进和实现财务规划目标，逐步建立"规划—计划—预算"相衔接的管理机制。

（三）形成"规划—计划—预算"相衔接的管理机制

根据每年学校各项事业发展规划的调整情况和财务规划的

执行情况，结合当前面临的国家形势和政策，推测其对规划目标的影响和可能发生的偏差，制订年度财务工作计划。在此过程中，财务部门需要提高统筹管理能力和与业务部门的沟通协调能力，做好规划各环节的衔接工作。根据规划和计划内容，对学校财务资源进行统筹安排，提高学校预算编制的前瞻性。以财务规划和年度计划指导分年度预算的编制，优化预算资源配置，提高学校预算的可持续性，增强预算的约束力，发挥学校部门预算的主体作用，全面提高预算管理水平，为学校重大决策部署落实财力保障。

（四）完善财务规划的评价和调整

财务规划是一个分阶段的实施过程，学校对财务资源的投入效果可以通过绩效评估来检验，财务部门根据阶段评价情况和以后计划目标，对未来年度财政收支进行统筹安排，着力解决财务支出"碎片化"、不可持续等按年度平衡的预算管理方式暴露出的弊端和问题。在财务规划评价的基础上，财务部门根据财务管理形势的变化和财务规划评价结果，对制定的财务规划进行及时的调整。由于财务规划主要是对财务发展的未来一定期限的、重要指标制定的长远和全局的目标，在财务规划调整时，一般不直接对财务规划目标予以调整，而是通过调整年度计划、任务工作和年度预算的方式，对财务规划的实施路线予以修正和调节，以确保财务发展情况和财务规划相互吻合，减少偏差。

五、财务规划的实施成效

近年，学校综合实力和财务管理能力均得到了提升，学校经济实力稳中有升，2015 年总收入目标和完善支出结构等财务规划目标均如期完成。

（一）财务运行能力全面提升

与以前没有做财务规划期间相比，学校财务管理工作更系统更全面，不仅仅是完成为师生提供报销等服务工作，而且重点对接国家地方政策，深层思考，完善学校财务管理体系。学校财务管理坚持管理与服务并重的理念，以预算为龙头，制度建设为中心，信息化建设为抓手，为学校事业发展提供了有力支撑。主要的建设成效有：完善学校预算管理体系；完成会计核算新旧制度的转换；加强科研经费等专项经费的规范化建设；推进"以人为本"的会计服务；搭建全新财务管理信息系统；初步建立财务人员职业培训长效机制。

（二）财务综合实力稳步增长

学校 2015 年全面实现办学总收入达到 90 亿元等财务规划目标，有力地支撑学校各项事业的快速发展；学校进一步调整财政支出结构，稳步提高人员经费支出比例，将更多的资金用于改善教职工的福利待遇和民生等财务规划目标。在收入持续增长方面，中央政府的拨款投入以及部市共建机制逐步形成，教育收费和其他收入增长较快，多元化筹资工作逐步开展。在支出方面，学校支出结构不断改善，逐渐由"吃饭财政"向"发展财政"转变，逐步实现"以人为本"，在职人员支出增长较快，有序推进"支持发展"，学校基建和大修等校园建设工作稳步推进。

六、探索成功的关键

（一）战略管理理念是财务规划明确目标的关键

学校战略管理的理念和思想是推进财务规划工作的关键性因素，学校高度重视战略管理工作，明确学校发展战略目标和定位，并大力推进各项战略重点和核心工作。在此基础上，财务部门和主要职能相互配合，围绕核心任务研究确定资源需求，对接学校事业发展规划，不断完善推进财务规划，使学校的财务规划真正落在实处，有力保障学校发展战略目标的实现。

（二）目标分解和监控是财务规划持续推进的基础

财务规划的目标比较长远和全局，如何在实施的过程中将远期目标转化为近期的可测量的指标至关重要，财务部门通过财务规划总体目标分解为年度工作计划，并将工作计划与任务，以及年度预算相衔接，细化为经过一定努力可实现的、可完成的指标，财务目标分解使得学校各部门、各层次人员对学校财务规划有了清晰明确的认识，这就极大地确保了规划目标的实施和实现。

（三）闭环式管理模式是财务规划有效实施的保证

学校财务规划在制定的过程中注重关键绩效指标，规划制定不断创新改革，并且在实施过程中强调和事业发展规划的衔接，强调计划、任务和预算的紧密结合；同时，发现存在偏离财务规划目标的事项时及时对规划进行调整和修正，实现了年初定计划、年中重检查、年末有考核，加强财务规划的指导和有序发展，形成了从财务规划分析、制定、实施、评价再到调整的闭环式管理，建立了完整的战略管理过程。

附录

学校在财务规划制定和实施过程中，对学校财务管理状况进行了全面深入的分析，在目标制定的过程中建立了科学合理的收支模型，并根据不同的模式和方法制定关键绩效指标，"十三五"财务规划相关的财务情况分析和目标制定情况主要如表1~表8所示。

表1　　　　　　　　　"十二五"收入构成情况

项目	2011年	2012年	2013年	2014年	2015年	"十二五"平均数	平均增长率
总收入							
政府拨款							
其中：中央政府拨款——基本							
中央政府拨款——项目							

续表

项目	2011年	2012年	2013年	2014年	2015年	"十二五"平均数	平均增长率
地方政府拨款——基本							
地方政府拨款——项目							
教育收费							
其中： 本科生学费							
研究生学费							
住宿费							
专业学位培养费							
函大、电大、夜大及短训班培训费							
其他教育收费							
科研经费							
其中 纵向科研经费							
横向科研经费							
其他收入							
其中： 投资收益							
利息收入							
捐赠收入							
其他							

表2　　　　　　　　　　"十二五"支出构成情况

项目	2011年	2012年	2013年	2014年	2015年	"十二五"平均数	平均增长率
总支出（按性质）							
教育支出							
科研支出							
行政管理支出							

续表

项目	2011 年	2012 年	2013 年	2014 年	2015 年	"十二五"平均数	平均增长率
总支出（按用途）							
在职人员支出							
福利及补助支出							
日常运行支出							
资本性支出							

表3　　　　　　　　　　"十二五"在校学生情况

项目	2011 年	2012 年	2013 年	2014 年	2015 年	"十二五"平均数	平均增长率
学生总数							
本科生							
全日制硕士生							
全日制博士生							
非全日制研究生							
留学生							
成教及网络教育学生							

表4　　　　　　　　　　"十二五"人员情况

项目	2011 年	2012 年	2013 年	2014 年	2015 年	"十二五"平均数	平均增长率
人员总数							
在职人员							
正高级							
副高级							
中级							
初级							

续表

项目	2011 年	2012 年	2013 年	2014 年	2015 年	"十二五"平均数	平均增长率
无职称							
项目聘用人员							
临时聘用人员							

表5　　　　　　　"十二五"总收入国内外高校对比情况

项目	2011 年	2012 年	2013 年	2014 年	2015 年	"十二五"平均数	平均增长率
某高校							
国内——A 高校							
国内——B 高校							
国内——C 高校							
国内——D 高校							
国外——E 高校							
国外——F 高校							
国外——G 高校							
国外——H 高校							

表6　　　　　　　"十三五"政府拨款——中央基本经费关键指标

拨款项目	2015 年			2020 年			测算依据
	人数	标准（万元/人·年）	金额	人数	标准（万元/人·年）	金额	
本专科生经费							人数按"十二五"规模和"十三五"人才培养规划综合确定，标准结合现行情况和以后政策因素统筹确定
硕士生经费							
博士生经费							

续表

拨款项目	2015 年			2020 年			测算依据
	人数	标准（万元/人·年）	金额	人数	标准（万元/人·年）	金额	
离休经费							人数按"十二五"规模及变动趋势进行测算，标准结合现行情况和以后政策因素统筹确定
退休经费							
……							
合计							

表7　　　　　"十三五"政府拨款——项目经费关键指标

拨款项目		2015 年	2016 年	2017 年	2018 年	2019 年	2020 年	测算依据
"985"专项	中央							按学校 985 专项规划
	地方							按地方配套政策规划
"211"专项	中央							按前几期 211 专项规划测算
	地方							按地方配套政策规划
基建专项	中央							按教育部每年固定拨款数测算，并综合考虑以后年度拨款因素
	地方							按地方配套政策规划
改善办学条件专项								按财政拨款分配因素测算
捐赠配比专项								按财政拨款分配因素测算
……								
合计								

表8   "十三五"科研经费收入关键指标

拨款项目	2015年	"十三五"预测平均增长率	2016年	2017年	2018年	2019年	2020年	测算依据
纵向科研								根据"十二五"期间平均增长情况，结合学校"十三五"科技创新专项规划，及面临的科研形势，回归分析测算"十三五"期间平均增长率；按平均增长率测算"十三五"期间科研收入情况
横向科研								
合计								

消除信息孤岛，建立统一的
科研财务管理系统

电子科技大学计划财务处

易雪辉　张　维　于　超　张新杰

【摘要】电子科技大学由财务部门牵头，科研与财务两部门紧密协作，通过梳理和优化科研项目申报立项至结题验收的全部业务流程，设计和开发了科研财务管理系统。该系统采用统一管理平台，通过数据实时交换达到科研与财务间项目管理和经费管理的即时联动，实现了科研部门、财务部门及科研人员三者间的信息充分共享。科研项目申报、经费上账、中期检查、结题验收及统计查询等全过程管理网上完成；避免了科研人员在项目申报、预算调整、项目过程管理等环节的线下现场审核及部门间往返；构建了更加科学高效便捷的科研与财务管理体系；提升了科研财务管理服务信息化水平；强化了科研财务过程管理的监督与控制。

一、背 景 描 述

（一）学校基本情况

电子科技大学原名成都电讯工程学院，1997 年被确定为国家首批"211 工程"建设重点大学，2001 年进入国家"985 工程"重点建设大学行列。经过 60 多年建设，学校形成了从本科到硕士研究生、博士研究生等多层次、多类型的人才培养格局，成为一所完整覆盖整个电子类学科，以电子信息科学技术为核心，以工为主，理工渗透，理、工、管、文协调发展的多科性研究型大学。

学校设有 24 个学院（部），66 个本科专业，其中 14 个为国家级特色专业建设点，现有各类全日制在读学生 33000 余人，其中博士、硕士研究生 12000 余人。现有教职工 3800 余人，其中专任教师 2300 余人，教授 500 余人。截至目前，国家级杰出人才总量（不重复计算）达 200 人。

学校以"顶天、立地、树人"为科研工作定位，努力构建"三足鼎立"的科研架构。学校拥有国家级重点实验室 4 个，国家工程中心 1 个，国家地方联合工程实验室 1 个，国家级国际联合研究中心 2 个，省部级科研机构 43 个，2 个国家自然科学基金委创新群体、7 个教育部创新团队和 1 个国防科技创新团队，5 个高等学校学科创新引智基地（"111"计划）。学校在"双一流"建设中，工程学、材料科学、物理学、计算机科学、化学、神经科学与行为学 6 个学科进入 ESI 前 1%，其中工程学于 2016 年 7 月进入 ESI 前 1‰。科研收入是学校收入主要来源之一，2016 年科研经费到款量占学校收入约 30%。

（二）科研财务管理现状分析

学校依据《高等学校财务制度》和《高等学校会计制度》

等进行财务管理和核算，实行"统一领导、分级管理"的财务管理体制，依据各部委专项经费管理办法等对科研经费进行分类管理。科研管理部门负责科研项目的项目管理，财务管理部门负责科研项目的经费管理。

近年来，财务部门坚持"促发展、控风险、强服务"思路，紧紧围绕学校事业发展目标，严格规范财务管理，提升服务水平，与科研管理部门密切协作，积极推进科研财务信息化建设，强化财务风险控制，提高了科研经费管理水平。但经认真分析科研财务管理现状，我们认为仍存在一些问题：

1. 项目管理与经费管理相分离

科研管理存在项目管理与经费管理分离、跨部门管理等问题。科学技术发展研究院（以下简称科研院）是学校科研主管部门，负责科研项目的项目立项、组织实施、项目结题验收、科技合同审批和科研成果管理等。计划财务处（以下简称财务处）是科研经费的管理部门，负责科研经费的财务管理和核算，对项目负责人按照项目任务书或合同约定及财经法规使用科研经费进行规范和监督，指导项目负责人编制项目经费预算和决算。两部门间虽然建立了日常沟通协调工作机制，但仍存在财务部门对项目立项、验收等信息不够了解，项目管理部门对项目预算编制、项目执行等信息不够熟悉等问题。项目管理与经费管理的分离形成了部门间壁垒，跨部门间沟通与协调花费了大量管理成本。

2. 科研管理信息系统与财务系统不兼容

科研和财务两部门都有信息系统进行科研管理。科研院针对科研的项目管理开发了自己的独立管理系统；财务处则采用统一财务系统对科研经费进行管理。科研系统与财务系统使用的是不同企业的管理软件，软件互不相通；两部门各自的信息化需求也不同，侧重点不一致，数据库彼此相互独立。一直以来，两部门之间通过人工方式进行数据传输，出现效率低、不及时和信息错误等问题。两部门也尝试让软件公司彼此开放接口，提高信息共享可能性，但是未获成功。两个信息系统的不兼容导致了彼此之间信息共享困难，各自形成"信息孤岛"；系统间功能重复或发生冲突，给科研财务管理工作带来了阻碍和低效。

（三）建立科研财务管理系统的动因

1. 提升科研财务信息化协同

深入推进"财务信息化"是高校财务管理内涵发展的目标和方向。随着网络技术、信息安全技术和大数据技术等快速发展，在高校构建统一管理系统实现财务与科研协同管理已具备条件。利用信息技术构建"科研—财务"统一管理平台，以财务数据为核心，推进数据生产和数据使用有机结合，科研部门、财务部门与科研教师间信息资源在平台共享互通、实时传递，大大提高信息的实时性、相关性和有用性。科研与财务使用一套系统，能提升两部门管理协同的信息化水平，通过财务信息化实现两部门间业务管理的无缝衔接。

2. 强化业务全过程风险管控

科研管理的风险控制一直是项重要课题，它既是外部监管环境的刚性要求，又是内部管理严格规范化的必然结果。信息化建设已经成为财务风险控制的重要支撑。借助财务信息化，可以实现业务流程标准化、自动化，管理权限合理化、痕迹化，信息资源电子化、共享化，数据分析规模化、科学性，这些将极大提高工作效率，减少人为干预，规避人工失误；提高风险识别能力和制定更有效的风险应对策略；为风险的过程控制和提前防范提供有力保障。

3. 创新科研财务管理服务方式

如何更好地服务科研师生，为科研人员营造良好的工作环境，构建科学高效便捷的科研财务服务体系，提升科研财务服务信息化水平，一直是学校财务和科研管理工作探索的重点。依托学校强大的电子信息技术和国家大力发展"互联网＋"的时代背景，科研管理部门和财务管理部门探索科研财务信息化，把"思考"变为"行动"，让"行动"产生"效果"，借助财务信息化丰富科研财务管理服务方式、提高服务效率、提升服务体验和提高服务水平。

二、科研财务管理系统的总体设计

（一）设计目标

建立科学规范的科研财务管理系统。通过运用信息技术手段，基于整体规划和统一标准，将财务信息和科研信息综合集成，实现对科研财务项目信息化、标准化、流程化的集中统一管理。通过模块化管理方式，对科研财务进行流程再造，部署预算管理系统、电子报销系统、资金支付系统和会计核算系统，满足各管理级次对科研财务管理的定制化需求，实现科研财务管理全流程的控制与反馈，推动科研财务全过程的信息流与资金流的集成和数据共享，保障科研财务管理工作规范化和高效化。

（二）设计思路

构建科研财务统一管理平台。科研财务管理系统（见图1）通过科研项目管理系统与财务管理系统的对接，有效实现科研数据、财务数据的实时共享与动态监控，依托信息化服务平台，有效帮助科研人员对项目经费进行合理预算与规范使用；有效对科研项目实施进度进行实时把控，实现项目管理与财务管理的一体化。

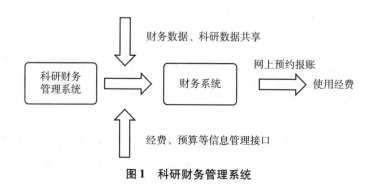

图1　科研财务管理系统

（三）设计内容

科研财务管理系统设计内容（见图2）主要涵盖：项目管理和财务管理两大部分，其主要功能包括：预算会签、经费认领、经费上款、外协审批、会议审批、合作单位、预算执行、项目管理和信息汇总等内容。基于全面从线下转移到线上管理，使科研财务管理更加规范化，符合科研质量管理体系要求，避免简单重复人力工作和提高工作效率。

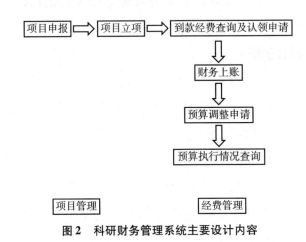

图2 科研财务管理系统主要设计内容

（四）运用管理会计工具方法

项目管理。按照项目管理的基本程序，设计科研财务管理信息系统，加强对项目经费从申报到使用的全程监控，方便查询。

管理会计信息系统。通过对学校现有科研和财务信息系统的整合改造，消除信息孤岛，建立起统一的科研财务信息系统平台，实现科研部门与财务部门信息共享、科研项目管理和财务管理的有效统一。

（五）设计创新

科研财务信息系统解决了科研部门与财务部门间数据共享

不充分和部门壁垒导致的信息不对称、交流不顺畅等问题；实现了从项目申报到结题验收的一站式网上办理；改变了以往科研项目经费上账、经费报销、项目日常管理、项目审计与结题验收等业务需要线下在不同职能部门之间现场来回确认信息、签字盖章的低效模式；创造出科研财务管理的超越时间和空间的动态化、全面化和协同化发展网上新模式。

三、科研财务管理系统的应用过程

（一）科研财务管理系统主要流程

科研财务管理系统主要流程（见图3），可以满足科研人员项目申报，科研部门与财务部门进行联合审批；满足项目管理人员、科研人员对科研项目实时动态管理，满足财务人员对科研项目实时财务监督。该系统可以实现所有类型科研项目申报、经费上账、中期检查、结题验收及各类统计等全过程管理。同时，科研项目、成果和经费等相关信息数据逐步与学校人事部门、财务部门等联通，作为人事考核、财务管理等工作的重要数据来源。

通过科研院统一组织申报的项目（如部分纵向及校级项目），须先由项目申报人先在相应的申报计划中进行申报（含预算），经学院、科研院与财务处审核通过后，项目进入待立项状态。项目实际批复后，科研院将批复项目转入立项状态。随后，项目申报人对立项状态项目的信息进行补充完整后提交学院审核，再由科研院审核同意立项。首笔项目经费到款分配后，财务人员将通过管理系统在财务系统进行项目立项并上款。科研项目所有经费上款均通过管理系统在线进行。

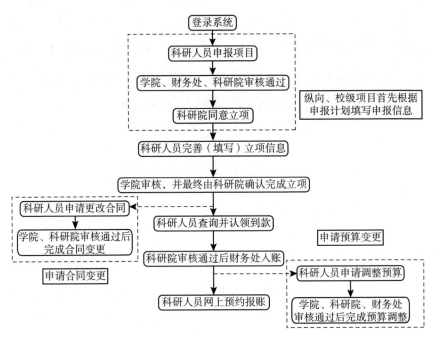

图3　科研财务管理系统主要流程

（二）科研财务管理系统详解

1. 管理权限职责

（1）科研人员权限职责。

科研人员权限职责涉及三个主要功能模块：项目管理、到款管理和项目信息查询。科研人员可以了解项目基本信息，如人员信息、承担单位、预算执行情况、项目预算信息、项目申请书、项目计划书以及科研成果等，有利于对科研项目进展实时把控、动态监督。同时，科研人员可以实时查询到项目经费收入与支出情况，有利于对科研经费科学安排、合理使用。

（2）项目管理人员权限职责。

科研的项目管理人员主要有：各科研单位分管科研的领导及科研秘书以及科研院各归口管理办公室人员。其主要权限和职责为：项目申报资格审核（对于限项项目，国、省、市等各类科技项目）；项目信息完整性和合理性审核，审核是否填写错误；项目信息合规性审核，审核是否符合国家或学校政策等；项目合同变更审批；审核项目申请与立项，以及项目终止与结项。

（3）财务管理人员权限职责。

财务管理人员主要负责项目经费预算审批，经费上账，项目经费日常报销，项目经费预算变更，项目结题时的决算与审计。同时，对项目日常经费管理进行实时监督，定期对经费使用情况进行查验，加强和规范学校科研项目经费管理，提高资金使用效率。

2. 项目管理分类

（1）纵向与校级项目。

纵向项目是指向国家相关部门申请立项的科研项目；校级项目是指校内预算立项的科研项目。首先是科研人员根据科研院发布的项目申报计划，选择相应申报计划并填写【项目申报】信息，主要包括：填写申报计划、项目名称、项目负责人、承担单位、项目经费预算等内容。然后由学院科研项目管理人员审核项目申报信息后，提交科研院、财务处审核，完成项目申报。接着经相关项目管理部门批准并由科研院实施立项后，科研人员完善项目信息。最后由学院审核项目立项信息后，提交科研院、财务处审核，完成项目立项（见图4）。

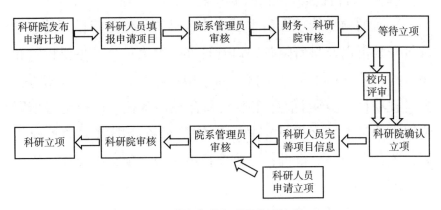

图4　纵向与校级项目管理流程

（2）横向项目。

横向项目是指受企事业委托的科技开发、协作和咨询等项目。首先是科研人员填写项目信息，等待学院审核。然后由学院审核立项信息后，提交科研院审核，完成项目立项（见图5）。

图5　横向项目管理流程

（3）外协项目。

外协项目是指学校委托其他单位实施的项目。由科研人员填写项目信息，根据合同金额逐级审核并通过后，完成立项。若合同金额为1万元（含）以上，需提交学院审核；若合同金额为5万元（含）以上，还需提交科研院审核（见图6）。

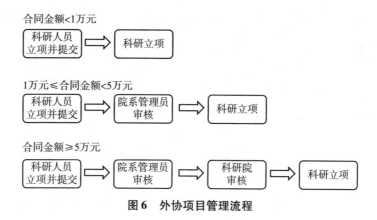

合同金额<1万元

合同金额≥1万元

图6 外协项目管理流程

3. 项目管理流程详解

（1）项目申报。

纵向与校级项目下有三个主要功能模块：项目管理、到款管理、项目信息查询。项目管理的功能模块有：项目信息补录、项目申报、项目立项、预算调整、项目中检、变更申请、项目文档。

选择系统菜单"项目申报"，进入申报计划列表。可以根据项目申请状态，筛选申请列表。点击申报计划名称，可以查看详细信息。点击██按钮，进入该申报计划对应的申报项目列表。点击项目名称和审核状态，可以查看详细信息。

点击申报信息列表下方的"新增"按钮，可以添加项目信息（见图7），打"＊"为必填项。填写项目基本信息后，点击"下一步"按钮，进入预算填报页面（见图8）。

填写预算金额和测算依据，点击"完成"按钮，完成项目申报。完成申报后返回申报首页面，点击██可以修改项目，点击██可以删除，点击██可以打印，点击██可以提交。返回申报信息列表，点击██按钮，提交项目给上级审核。

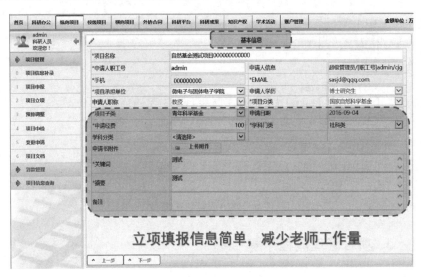

图7　项目申报基本信息

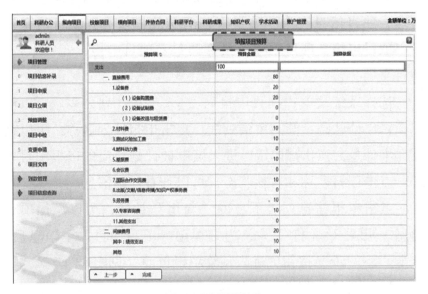

图8　项目预算信息

（2）项目立项。

选择系统菜单"项目立项"，进入项目信息界面。所有审核通过后，科研人员在"项目立项"可以看到申报项目的信息，点击完善项目立项信息后方可提交。可以根据项目分类、项目子类和审核状态，筛选项目列表。点击项目名称、负责人和审核状态，可以查看详细信息。点击可以修改，点击可以提交，点击可以删除。

点击按钮，进入项目基本信息页面（见图9）。填写项目基本信息，点击"下一步，填报成员信息"，进入项目成员页面。一个项目可以有多个成员。添加项目人员，点击"新增人员"按钮。人员类型分为本校老师、本校学生、外校人员，填写成员职工号和署名顺序，点击保存。点击"下一步，填报联合承担单位信息"，进入联合承担单位页面，填写联合承担单位信息，点击"确定选择"。填完联合承担单位后，点击"下一步，填报项目预算"按钮，进入项目预算页面，填写批复预算金额和本校预算金额。申报预算为科研人员申报时填写的预算。批复预算 = 最终批复下来的预算（包含联合承担单位

图9 项目立项示意

金额），本校预算＝批复预算总金额－联合承担单位金额。点击"完成"按钮，完成立项申请。返回项目列表，点击🏦按钮，提交立项给上一级审核。立项提交后，就不能进行修改和删除操作。审核流程结束后，状态变为学校通过，等待财务立项。

（3）预算调整。

科研人员选择需要变更预算的科研项目，编辑变更信息，提交并等待学院审核。学院审核预算变更信息，审核通过后提交科研院、财务处审核，通过后完成预算变更（见图10）。

图10　项目预算调整流程

选择系统菜单"预算调整"，进入预算调整列表。点击申请号和状态，可以查看详细信息。点击📝可以修改项目，点击❎可以删除，点击🖨可以打印，点击🏦可以提交。点击"新增"按钮，填写预算录入申请。点击项目编号的🔎按钮，会出现可供选择的项目列表。

点击"下一步"按钮，进入预算调整页面（见图11）。预算金额为原预算，调整金额为正表示增加预算，为负表示减少预算，调整后金额为调整后的预算金额。填写调整金额，点击"确定"按钮，完成项目预算金额的调整。预算调整提交后，就不能进行修改和删除操作。调整金额为预算调整界面的调整金额相加的结果，反映出该项目总预算是调大，调小或者总金额不变。提交后状态变为等待院系管理员审核，审核通过后依次由于科研院管理办公室、分管领导、财务进行审核完成。

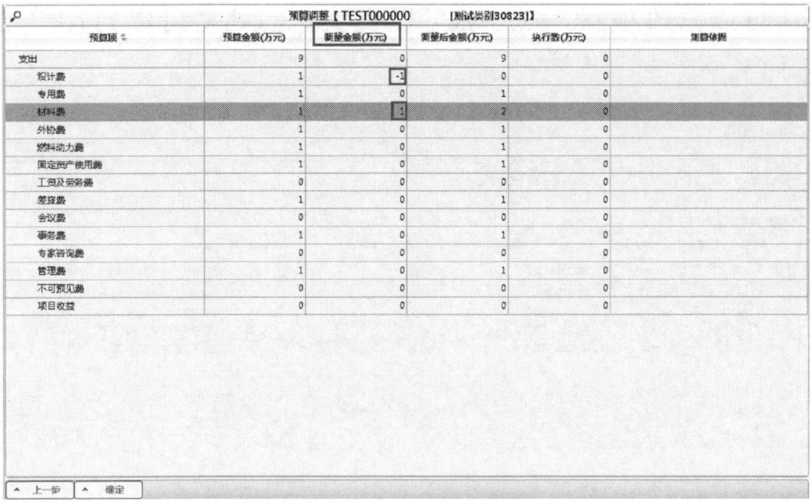

预算项 ≑	预算金额(万元)	调整金额(万元)	调整后金额(万元)	执行数(万元)	调整依据
支出	9	0	9	0	
设计费	1	-1	0	0	
专用费	1	0	1	0	
材料费	1	1	2	0	
外协费	1	0	1	0	
燃料动力费	1	0	1	0	
固定资产使用费	1	0	1	0	
工资及劳务费	0	0	0	0	
差旅费	1	0	1	0	
会议费	0	0	0	0	
事务费	1	0	1	0	
专家咨询费	0	0	0	0	
管理费	1	0	1	0	
不可预见费	0	0	0	0	
项目收益	0	0	0	0	

预算调整【 TEST000000 】 【测试类别30823】

上一步　　确定

图 11　项目预算调整示意

（4）到款管理。

首先，科研人员可根据汇款单位名称，到款金额范围，到款日期查询科研经费到款。然后，若已查询到款，科研人员匹配经费对应的科研项目，完成经费认领。接着，经费认领完成后，提交由科研院及财务处审核，审核通过后即可实现经费上账，之后科研人员可进行网上预约报账。对于批量到款的纵向项目则是由科研院直接分配后，由财务处上账，科研人员不必再进行认领（见图12）。

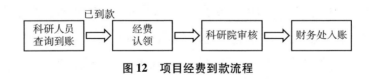

已到款

科研人员查询到账 ⇒ 经费认领 ⇒ 科研院审核 ⇒ 财务处入账

图 12　项目经费到款流程

选择左侧菜单"到款认领"，进入到款认领界面。点击申请号和状态，可以查看详细信息。点击 ✕ 可以删除，点击![icon]可以修改项目，点击![icon]可以提交，点击![icon]可以打印（见图13）。

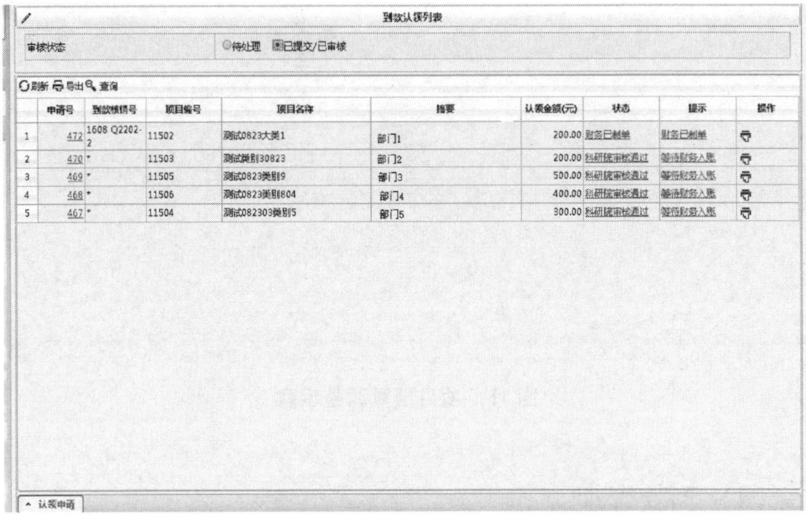

图13 项目经费到款认领示意

点击"认领申请"按钮，进入到款查询界面。可以根据到款核销号、摘要、到款金额和到款时间，筛选到款列表。如果查询不到结果，可以点击"到款咨询"，进入咨询列表。咨询列表显示用户咨询内容，以及相关回复。如果有查询结果，在到款查询界面选择一条记录，点击"确定"按钮，进入到款认领页面。对于新项目，会显示对应的分配方案。填写完到款信息后，点击"下一步"按钮，进入到款分配页面。点击"确定"按钮，完成到款分配。返回到款认领列表，点击![icon]按钮，提交到款分配给上级审核。到款分配提交后，就不能进行修改和删除操作。

4. 项目过程管理的重要环节

（1）合同变更。

如图14所示，首先科研人员选择需要进行合同变更的科研项目，填写合同信息变更，提交并等待学院审核。然后学院审核合同变更信息通过后，提交科研院审核，通过后即可实现合同变更（见图15）。

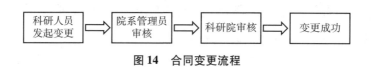

图14　合同变更流程

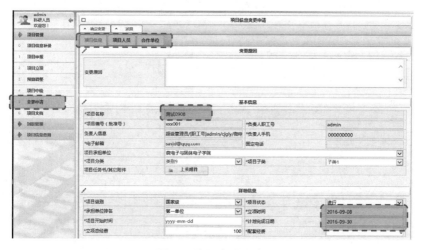

图15　合同变更示意

（2）合作单位/合格供方单位管理。

如图16所示，合作单位及合格供方单位管理的目的在于规范合同管理。合格供方单位经营范围要包括外协合同的内容及方向。合格供方单位需要向科研院提供纸质版的单位相关文件。

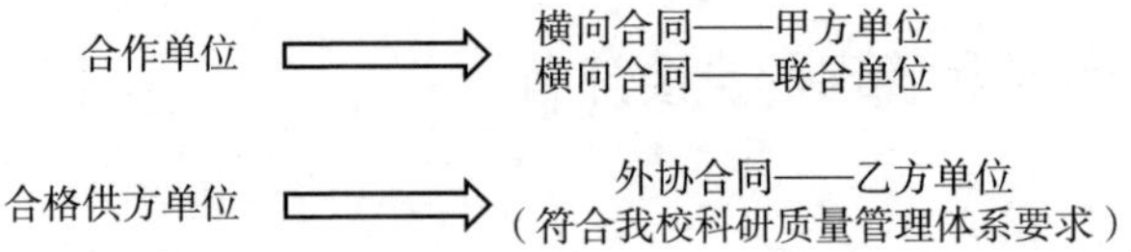

合作单位 ⟹ 横向合同——甲方单位
横向合同——联合单位

合格供方单位 ⟹ 外协合同——乙方单位
（符合我校科研质量管理体系要求）

图16 合作单位/合格供方单位

选择系统菜单"合作单位列表"，进入合作单位列表（见图17）。可以根据合作单位名称、是否合格供方单位和审核状态，筛选项目列表。点击"新增"按钮，填写合作单位信息，点击"保存"。注意，新增的合作单位，要审核通过后，选择该合作单位的立项项目才可以提交。

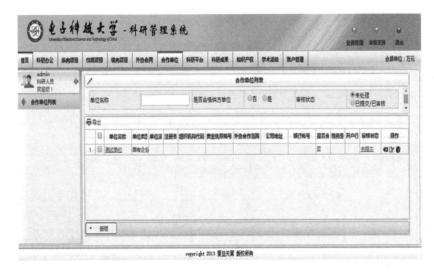

图17 合作单位/合格供方单位管理示意

四、科研财务管理系统的实施成效

目前，科研财务管理系统已实现了科研部门和财务部门间的数据实时共享及交互。科研人员可随时随地登录系统操作，避免了现场审核与跨部门沟通协调，节约了项目管理时间，也提高了经费管理效率。科研与财务部门通过系统将科研管理业务记录信息转为管理决策依据，将科研管理从微观层面（提供业务记录和分类以及报告过去已发生信息）提高到宏观层面（整合管理信息后提供专业化设计，分析管理重点和难点，提出管理决策，支撑项目前期设计、中期监督和后期结题等），实现科研财务综合管理。

（一）实现了科研财务管理流程优化和效率提高

科研财务管理系统与以往旧模式相比，将以往线下才能办理的业务转移到线上办理。同时，打通了科研项目管理部门与财务部门的信息壁垒，实现了数据共享。新系统在减少项目经费上账等待时间、实时查询报销进度和资金安全管理等具有明显优势。同时，科研财务管理系统将科研管理与财务系统关联，该系统不仅能简化申报流程，还能有效实现网上预算变更、网上业务审核，完全避免到现场进行业务办理、避免纸质存档。此外，该系统支持智能凭证生成，提高数据准确度和工作效率；改变原纸质传递、现场沟通的低效率管理模式。而且，通过科研财务管理系统将科研业务的申报和批复过程嵌入综合信息门户，实现跨时空的线上协同办公。最后，该系统具备强大的统计功能，可导出多样化报表，使得各科研财务管理主体能实时参与科研项目管理活动，系统自动记录每次各部门、各环节的沟通结果；系统可以查询各单位过去预算的下拨数、执行数，查看各单位经费执行情况，生成全面财务分析表。

（二）实现了科研财务管理服务质量提高和方式丰富

科研财务管理系统建成后，科研财务管理服务师生的方式发生了改变，改变了原来主要依靠纸质传递、现场沟通低效率的管理服务模式。项目从立项到项目预算、项目支出直至项目结题所有的信息都在网上系统里完整呈现。科研人员在项目批复后只需登录系统中，即可办理项目立项、经费上账、管理费计提、预算调整、执行情况查询等，不用再重复人工办理各个预算科目的预算数和支出数，也不用时不时到财务部门对账，提高数据的对比利于提交各种申请、各种报告；不再需要"科研—财务"两部门奔波，减少了科研人员不必要的工作量。管理部门能够通过管理系统及时精准地发布和推送政策制度及管理要求等信息。科研人员能够自主选择时间和地点在网上办理业务。

（三）实现了科研财务风险控制能力提升和强化

将财务和科研管理全面纳入系统，借助模块化管理和对信息的管控达到对业务的全面管控。科研财务管理系统将科研与财务的内部管理职责和权限内合理嵌入到了系统模块和运行中，使得业务管理中各环节的监管在系统中实现了信息化和痕迹化。同时，学校能够借助信息技术、大数据技术等全覆盖开展业务事前、事中和事后监管，实现业务的非现场监管和后台监管，对业务信息进行分析挖掘，开发出新的监管技术方法，提升风险发现和预防能力。另外，管理部门能根据科研进展，结合各种信息分析结果及时更新项目管理计划和设计，引导科研工作者根据科研方向合理使用资金，对项目进行科学合理的规划。管理部门将更熟悉项目及经费使用情况，实现结果导向向过程导向转变，适时强化推进绩效管理和内部监督，控制科研财务风险。

五、科研财务管理系统的建设经验和不足

（一）经验总结

1. 领导高度重视与部门积极协调

尽管有原管理系统成熟的技术做支撑，但新系统能如此高效顺利地开发成功，组织保障作用非常突出。首先，财务与科研两部门负责人在这件事上态度明确一致，非常重视项目进展，多次亲自开会督促项目进度。其次，两个部门建立了有效协调工作机制。科研财务两部门各有分管副处长负责，指派财务信息化、项目管理和经费管理专人具体与软件公司一起组成工作组。工作组制订了明确计划时间表，按照计划表积极推进各项工作。科研财务两部门与软件公司定期开展积极有效的沟通。

2. 设计科学规范的业财融合业务流程

学校现有科研的项目管理和经费管理虽然分部门负责，使用各自独立系统，但是，两部门都有规范科学的内部管理流程和内部控制规范。当需要开发统一科研财务管理系统时，两部门能够及时梳理清楚现有业务流程、提供各业务环

节涉及的规范统一表单，明确内部控制涉及的职责和权限。原有规范科学的管理基础为业务管理的高效信息化实现过程提供了保障。

3. 深入挖掘需求，提升服务水平和效率

积极挖掘不同职能和层次人员需求，优化功能模块框架，修订和完善模块功能，最终形成结构清晰、层次合理、功能完善、方便使用和符合标准的管理系统。消除科研与财务两部门间信息壁垒，探索简化跨部门业务流程，提升信息交换速度、准确性和便捷度。借助网络技术将远程办公、移动办公和信息系统链接，让科研人员能超越固定办公空间和时间，根据自身需要和条件适时适地完成业务办理，让科研人员的服务体验和管理部门的服务效率获得极大提高，科研财务管理服务水平相应得到提升。

（二）不足与展望

虽然科研财务管理系统实现了科研部门和财务部门之间的数据实时共享及交互，科研管理业务实现全过程网上处理。但新系统的实施还存在需要进一步完善的地方。例如：审批流程中每一个环节都必须保持审核人员在线，否则可能会影响审批进度。科研成果管理方面，目前还需要人工手动录入，无法通过在线数据库，如与图书馆的文献资源——中国知识资源总库（CNKI）等实现自动匹配与查询数据导入。这些功能模块将会在后续的系统升级开发、版本迭代中不断完善。

加强高校风险管理，构建风险数据库

复旦大学财务处

高　嵩　翟小芹　刁宇婴

【摘要】复旦大学作为一所具有110年历史的教育部直属高校，开展风险数据库的建设，既是全面推进管理会计体系建设外部要求，又是学校完善内控建设的内在需要。在复旦大学内控制度建设领导小组的统一指挥和部署下，财务处组织协调各相关部门采用全面风险评估的方法，于2016年12月完成了风险数据库的建设工作，建立一整套完善的、具有复旦大学特色的风险数据库，系统科学地识别我校在各项经济活动中存在的风险，有针对性地提出可行的风险管控措施，保证我校经济活动合法合规、资产安全和使用有效、财务信息真实完整，防范舞弊和预防腐败，提高公共服务的效率和效果。同时通过对风险的定性定量评估，及时充分提供和利用相关信息，为学校、机关部处以及学院各层级合理制定战略规划、开展风险管理提供支撑，加速推进我校治理能力现代化，为"双一流大学"建设保驾护航。

一、背 景 情 况

（一）学校基本情况

复旦大学创建于1905年，是中国人创办的第一所高等院校，是教育部与上海市共建的全国重点大学，目前已经发展成为一所拥有哲学、经济学、法学、教育学、文学、历史学、理学、工学、医学、管理学、艺术学等十一个学科门类的综合性研究型大学。复旦大学拥有直属院（系）32 个，具有较为齐全的学科专业和学位授权体系。学校师资力量雄厚，2016 年底，学校编制内在职人员 5342 人，其中教学、科研人员 3868 人。教师队伍中杰出人才辈出，其中：中国科学院院士 33 人，中国工程院院士 10 人。2016 年底，学校有各类学生 53057 人，其中，本专科生 15789 人，硕士生 11460 人，博士生 6314 人，来华留学生 3472 人。

经过多年发展，复旦大学已经形成"一体两翼"的校园格局：即以邯郸校区、江湾新校区为一体，以枫林校区、张江校区为两翼，占地面积约 245 万平方米。学校拥有中山、华山等 16 家附属医院，集医疗服务、临床教学与科研工作于一体。医院医疗设备先进、技术力量雄厚，为临床教学创造了良好的条件。

（二）构建风险数据库的必要性

1. 全面推进管理会计体系建设的重要基础

建设"一流大学"需要一流的财务管理做支撑。党的十八大、十九大以来，教育改革不断深化，教育现代化加速发展，构建与之相适应的现代化财务管理体制是对高校财务管理的必然要求。我校财务处近年来一直致力于增强财务核心能力，提升财务管理水平，全面推进管理会计体系建设。财务处职能从账务核算、经济业务处理等传统会计向统筹规划、决策支持、绩效管理和风险管理的管理会计拓展。建立与学校治理体系和治理能力现代化相适应的，权责一致、制衡有效、运行顺畅、执行有力、管理科学的风险管控体系是推进管理会计体系建设的重要组成部分，开展风险数据库的建设是其基础和起点。没有对风险的深刻洞察，管理措施和管理手段就没有着力点；没有对风险的正确评估，就容易出现为管理活动投入的资源与风险程度不相匹配的情况，导致风险管理建设出现真空地带或过度建设。

2. 落实财政部教育部关于推进行政事业单位内控建设相关要求的重要举措

2013 年，财政部下发了《行政事业单位内部控制规范（试行）》，这是新时期我国事业单位加强内部控制建设的重要规范和主要依据，对于加强我国事业单位内部控制建设具有重大的意义和深远的影响。《行政事业单位内部控制规范（试行）》的发布，标志着行政事业单位建立和实施内部控制已经从一种客观需要变成为法定义务。这项工作要求与我校全面推进管理会计体系建设过程中建设高效的风险管理体系是不谋而合的。基于此，我们提出了开展风险数据库的建设目标，为学校风险管理建设提供有力依据和数据积累。

（三）风险管理现状分析

我校一向重视风险管理工作，对风险评估、流程梳理、流程管控和制度建设常抓不懈。然而，我校目前的风险管理工作中仍存在一定的不足和问题，这需要我们真正意识到风险管理的重大意义，积极采取相关的措施，进一步加强我校风险管理体系建设，深入分析我校风险管理中存在的问题，以提高我校的管理水平和风险防范能力。

1. 风险意识还比较薄弱

我校由于受过去行政事业管理体制的限制，尚未将风险管理问题提升至整个学校战略管理的高度。各机关部处对风险的认识停留在比较初步的概念化的阶段，如业务不能违法违规，要保障资产安全，经济活动要充分授权等。对于业务全流程风险的识别、风险产生的原因，风险发生后可能会给学校造成的损失或影响评估以及风险该如何管理没有清晰的认识和重视。

2. 工作零散化，割裂化、各部门自成体系

现阶段我校的风险管理是由各机关部处针对自己归口管理的业务自行开展，管理是零散的、割裂的、自成体系的，并没有形成一个学校层面的标准统一、互相协同、全流程、全覆盖、全员参与的经济业务风险管理体系。

3. 工作开展缺乏专业人才和科学的体系、方法

风险管理体系的建设需要具备相关专业知识、专业技能、实践经验、熟悉风险管理领域各种管理会计工具的人才来开展工作。由于我校刚刚开始起步风险管理，这样的人才极其匮乏，工作的开展是摸着石头过河，在实践中学习，风险管理建设工作的推进进展比较缓慢。

二、风险数据库建设总体设计

（一）构建风险数据库的目标

1. 总体目标

建立一整套完善的、具有复旦大学特色的风险数据库，系统科学地识别我校在各项经济活动中存在的风险，有针对性地提出可行的风险管控措施，保证我校经济活动合法合规、资产安全和使用有效、财务信息真实完整，防范舞弊和预防腐败，提高公共服务的效率和效果。同时通过对风险的定性定量评估，及时充分提供和利用相关信息，为学校、机关部处以及学院各层级合理制定战略规划、开展风险管理提供支撑，加速推进我校治理能力现代化，为"双一流大学"建设保驾护航。

2. 具体目标

（1）以建推学，从根本上改变传统风险观念，提高全员风险意识，从"我"做起，优化控制环境；

（2）夯实风险管理体系基础，有力支撑全面风险管理体系建设；

（3）为学校全面风险管理提供精确、可靠和及时的信息，降低运营风险，提高资产质量；

（4）通过对全流程风险点管控提出各项针对性建议，优化业务流程，全过程控制风险；

（5）通过风险的评估诊断，辅助学校决策，规范指导管理；

（6）强化结果运用，建设长效机制，指导日常工作。

（二）构建风险数据库的总体思路

（1）根据我校组织架构特点，建立领导、建设、日常工作三级工作小组。同时，针对专业人才、技能不足的问题，引入外部咨询机构参与构建工作。

（2）根据我校运行特点、各项监管等要求，充分了解和分析学校内外部环境，确定风险评估范围。

（3）依据外部咨询机构的专业意见，选定风险管理工具和各类模板，包括风险管理框架（以管理职能、业务板块为纵轴，以重要性水平为横轴）、流程图工作模板、风险调查问卷，控制点穿行测试等。

（4）确定信息收集、风险辨识及风险评价三阶段工作程序。

三、风险数据库构建过程

（一）设置风险评估机构

为了促进风险评估工作有序、规范地开展，复旦大学建立了三级工作小组：一级领导小组，由学校主要领导班子成员任领导小组组员；领导小组下设二级建设工作小组，由各职能部处/二级单位负责人任组员；在财务处设三级日常工作小组，负责计划、组织和安排具体风险评估工作并统筹、协调、督促各职能部门积极配合风险评估工作，有序推进学校风险评估工作的全面、顺利开展。

（二）确定风险评估范围

2016 年度复旦大学风险评估范畴包括学校发展规划处、基建处、科技处、财务处、人事处、外联处、文科科研处、信息办、医学规划与科研办、医院管理处、资产经营公司、资产与实验室管理处、总务处、学校办公室等处室的关键岗位人员。

风险评估内容涵盖学校层面整体控制环境，以及学校范围内各类活动（含预决算、资产、债务、收入、支出、合同、采购、工程项目、科研项目、财政专项项目、经济活动信息化、所属企业、教育基金会、其他附属单位十四大类经济活动）。在满足监管机构要求的基础上充分考虑了学校的实际情况，从而促进风险评估范围的合理性、评估过程的规范性，确保风险评估结果能够有效反映学校实际风险管理状况，提高风险评估结果对经济业务和运营管理工作的指导意义。

（三）明确风险评估程序

复旦大学风险数据库构建工作分为初始信息收集、风险辨识及风险评价三个阶段展开。

1. 初始信息收集

2016 年，学校风险评估小组根据内部控制目标，结合学校内外部环境以及实际运营管理情况，通过制度资料收集、调研访谈等多种方式，广泛收集相关的外部及内部风险管理初始信息：

（1）收集、查阅学校各职能部处提供的相关规章制度、预算决算报告、流程表单等资料560余份，通过系统的整理和分析，了解学校各项业务管控方式、运营管理方式及目前内部控制的基本情况；

（2）开展访谈调研工作，对各职能部处负责人、关键业务岗位人员等进行访谈，调研访谈300余人次。通过现场调研，获取学校预算、收入、支出、采购、资产、工程、科研、合同等各项业务的开展状况、面临的主要风险、所采取的管控措施、曾发生风险事件等信息，了解各关键岗位对于风险的看法、态度，目前的风险管理思路，为风险辨识提供了充分、准确的信息来源。

2. 风险辨识

学校风险评估小组对收集的数据和信息进行反复核实、不断验证，以确保信息本身真实、可靠；通过必要的筛选、提炼、对比、分类、组合对风险进行识别，并在此基础上充分考虑财政部、教育部等上级部门有关风险评估的相关要求，结合本年度学校的工作目标、科研教学重心、经济活动业务内容的变化，识别、提炼、梳理风险，形成复旦大学风险数据库。

复旦大学风险数据库中，包含21项一级风险及147项二级风险，具体内容如表1所示。

表1 复旦大学风险数据统计

序号	一级风险名称	二级风险个数
1	控制环境风险	15
2	预决算业务控制风险	9
3	资产控制风险	9
4	货币资金控制风险	5
5	无形资产控制风险	2
6	对外投资控制风险	5
7	债务控制风险	4
8	收入业务控制风险	7
9	支出业务控制风险	7
10	合同控制风险	10
11	采购控制风险	10
12	工程项目控制风险	20
13	科研项目管理风险	16
14	财政专项项目管理风险	3
15	经济活动信息化管理风险	4
16	所属企业管理风险	3
17	教育基金会管理风险	3
18	其他附属单位管理风险	3
19	对附属医院的管理风险	4
20	对研究院的管理风险	4
21	对附属中小学的管理风险	4

3. 风险评价

复旦大学风险评估小组将内部控制风险按可能性和影响程

度分为重大风险、重要风险和一般风险三类。

重大风险，是指一个或多个控制风险的组合，可能导致学校严重偏离控制目标，严重影响学校的事业发展。在现有的管理水平、人员素质和控制手段条件下，风险事件发生的可能性较高（例如，1 年内发生多次）。

重要风险，是指一个或多个控制风险的组合，其严重程度和经济后果低于重大风险，但仍有可能导致学校偏离控制目标，影响学校事业发展。在现有的管理水平、人员素质和控制手段条件下，风险事件发生的可能性一般（例如，1 年内至少发生 1 次）。

一般风险，是指除重大风险、重要风险之外的其他风险。在现有的管理水平、人员素质和控制手段条件下，风险事件发生的可能性较低（例如，2～3 年内发生的次数低于 1 次）。

风险评估小组从上述三类风险出发，以复旦大学风险数据库为基础，编制《复旦大学风险评估调查问卷》，并向相关部处发放调查问卷，由相关职能部处/单位负责人、关键岗位人员和风险管理人员共同参与实施风险评估过程，对风险进行评价。参与风险分析的各职能部处、单位包括：发展规划处、基建处、科技处、财务处、人事处、外联处、文科科研处、信息办、医学规划与科研办、医院管理处、资产经营公司、资产与实验室管理处、总务处、学校办公室、复旦大学附属小学等。

本次风险调查共计发放调查问卷 16 份，回收有效问卷 16 份，问卷填写质量良好。

（四）风险评估结果

以学校重要风险为例，经过风险评估工作的实施，学校重要风险如表2所示。

表2　　　　　　　　　　复旦大学重要风险

序号	风险名称	风险等级
1	预算编制风险	重要
2	资产日常管理风险	重要
3	无形资产控制风险	重要
4	合同归口管理风险	重要
5	采购招标风险	重要
6	施工质量安全进度风险	重要
7	科研项目横向协助风险	重要
8	科技成果转化风险	重要
9	知识产权管理风险	重要
10	经济活动信息化归口管理风险	重要
11	高校对所属企业监管风险	重要
12	对外投资控制风险	重要

四、风险数据库建设取得的成果

（一）优化控制环境、提升风险意识

在风险数据库建立的过程中，我校召开建设启动会，学习财政部、教育部一系列相关文件，在此基础上汇编并印发了《内部控制制度手册（综合卷）》，在全校范围内推广、培训、学习。同时，通过问卷调查、面谈、电话会议、邮件、资料审阅等多种形式在各部处开展风险管理意识普及和风险评估。通过一系列的相关工作，从根本上改变了传统的风险观念，将风险管理意识推广到了各个岗位、各个环节，有效加强了学校机关部处对各类风险的识别、理解及评估的能力，树立以风险管理为导向的管控理念，从而使风险管理真正成为全员、全方位、全过程管理。

（二）夯实基础、支撑学校风险管理体系建设

建立了一整套完善的、具有复旦大学特色的风险数据库，为学校全面风险管理体系建设提供了强有力的支撑。风险数据库将各个岗位、各个环节的风险管理控制目标明确起来，在纵向将风险的防范和控制延伸到学校运营管理由始至终的各个环节；在横向将风险防范和控制的职责落实到学校各部门及各岗位，有效加强了学校对各类风险的管控力度，降低了与学校相关的各种责任事故发生的可能性，从而初步实现风险管理系统化。

以预决算业务和支出业务为例，形成的控制风险数据库如表3所示。

支出业务控制风险数据库如表4所示。

表3　　控制风险数据库（以预决算业务和支出业务为例）

风险类别	业务	主要风险点	风险描述	风险等级	主责部门	主要防控措施	对应制度
预决算业务控制风险	预决算管理	预算管理机制风险	预算内部管理制度不健全，预算管理岗位设置不合理，相关岗位的职责权限不够清晰，预算、预算编制、执行、审批、评价等不相容岗位未能实现相互分离，可能导致学校预算管理工作过程无法得到有效控制。	一般	财务处	1.建立健全预算决算的议事决策机制和监督检查制度，确定预算决算归口管理部门和预算执行主体，明确各自职责、分工和权限。 2.预算管理委员会合作为专家小组，负责拟订预算决算政策，审议年度预算及具体执行方案，协调年度预算及具体执行方案，协调解决预算编制、调整中出现的问题，组织开展预算绩效考核和预算决算结果分析评价等工作。 3.设置预算管理岗位，明确预算编制与预算审批、预算审批与预算执行、预算执行与预算考核、决算编制与决算审核、决算审核与审批等不相容岗位的分离。 4.建立预算专管员制度，通过预算专管员收集汇总预算数据，沟通协调预算调整，跟踪复核预算下拨情况等。	《复旦大学财务预决算管理办法》

续表

风险类别	业务	主要风险点	风险描述	风险等级	主责部门	主要防控措施	对应制度
预决算业务控制风险	预决算管理	预算编制风险	预算与事业发展规划不匹配，预算与资产配置计划相脱节，预算编制资料不专业原因，可能导致预算无法获得批准，影响事业发展年度工作计划的完成，或影响事业发展目标实现的风险。 在预算编制过程中单位内部各部门间沟通协调是否充分，预算编制与资产配置是否相结合，与具体工作是否相对应。 未按规定编制部门预算/综合预算，可能导致学校收支、采购、建设项目等业务缺乏约束；预算编制所依据的信息和基础数据不足，各部门/学院参与度较低或预算编制人员未能全面掌握预算编制有关政策，编制程序不规范、方法不当、数据口径不统一，或预算编制工作计划不科学，可能导致预算编制准确性不高。	重要	财务处	A 教育部预算 1. 财务处预决算科收集并复核学校相关数据，报分管财务处处长审批，报分管副校长审批后，审批通过后报分管校长审批。审批通过后报至财政部网上平台。 2. 结合学校收集的数据及其他相关材料（相关预算指南/最新政策），形成"一上"部门预算草案，报分管财务副校长及校长审批，通过后上报"一上"部门预算实际数。 3. 根据"一下"控制数编制"二上"部门预算，细化项目支出拨款额并各预算单位协商确认相关数据，确认后报分管财务副校长审批，并报校长审批，审批通过后上报"二上"预算数据。 B 校内预算 1. 启动预算布置工作，发送《复旦大学关于编制×年预算的通知》至校内各预算单位，干规定时间内收集各部门基本数据，所收集到的数据必须由各	《复旦大学财务预决算管理办法》

续表

风险类别	业务	主要风险点	风险描述	风险等级	主责部门	主要防控措施	对应制度
预决算业务控制风险	预决算管理	预算编制风险		重要	财务处	院系负责人签字并加盖单位公章确认，并根据标准测算各单位基本运行经费控制数。 2. 根据预算编制原则，上年预算数以及上年执行数，确定当年的预算控制数。 3. 财务处对各单位上报的预算进行审核、调研，测算收支，编制预算草案，总体决算预算草案报分管财务副校长审批，并向预决算委员会汇报预算草案，咨询并听取相关意见，并根据意见作出修改。 4. 校长办公会及校党委常委会审核批复最终校预算方案。	《复旦大学财务预决算管理办法》
		预算事项论证风险	预算中采购、基建修缮等项目预算未进行方案可行性、计划科学性、实施必要性及金额合理性方面的综合论证评审，可能导致各个预算项目不够准确，导致预算编制与预算执行的内容关联性较低，影响执行效率。	一般	财务处	1. 综合测算预算年度各项收入，对各单位预算建议数进行审核、汇总，经过充分论证，反复沟通实现收支平衡。 2. 对于基本建设工程、大型修缮工程、信息化项目和大宗物资采购等重大事项，应组织对项目的必要性、方案的可行性以及金额的合理性等进行科学论证，必要时应组织相关专家进行论证。	《复旦大学财务预决算管理办法》

续表

风险类别	业务	主要风险点	风险描述	风险等级	主责部门	主要防控措施	对应制度
		预算审批授权风险	预算未经适当审批或超越授权审批，导致预算审批缺乏相应的权威性与约束力，影响后续预算执行效果。同时存在违规风险，可能招致上级主管部门的处罚。	一般	财务处	1. 建立健全预算审批管理制度，明确预算审批权限，严格执行"三重一大"程序，逐级审批，50万元以下（含）由校长办公会审批，50万元以上由校长办公会审批。2. 教育部预算审批必须履行审批决策程序，审批通过后方可上报教育部。校内预算须履行相关审批决策程序，经校长办公会及校党委常委会审批通过后方可形成最终校预算方案。	《复旦大学财务预决算管理办法》
预决算业务控制风险	预决算管理	预算执行风险	预算执行不规范，是否按照批复预算和开支范围执行预算，进度是否合理，是否存在无预算、超预算支出，或者预算执行进度严重滞后等情形，可能造成资金浪费或闲置的风险。未按规定的额度和标准执行预算，造成无预算支出，超预算支出等情况。缺乏预算执行授权审批制度，未按照业务事项设置合理的类型、性质及金额等。	一般	财务处	1. 预算经费拨款：部门专项经费预算拨：在正式预算批复前，收集各部门专项经费需求，汇总报财务处预决算科，按需预拨专项经费。2. 预算经费拨款：各用款部门，报预算专管员汇总，审核通过后予下拨相关经费。3. 其他收入经费执行部门立项及内部审批，确认经费执行部门，确认部门"是否专款专用？"相关部门确认。	《复旦大学财务预决算管理办法》

续表

风险类别	业务	主要风险点	风险描述	风险等级	主责部门	主要防控措施	对应制度
预决算业务控制风险	预决算管理	预算执行风险	预算执行申请审批权限，导致预算执行随意；缺乏健全有效的预算反馈机制，预算执行情况不能及时反馈以发挥作用。预算监控难以发挥作用，未建立预算分析机制，不及或预算分析结果不科学，不及时，可能削弱预算差异控制的效果；未针对预算差异原因提出改进措施，或解决预算分析不到位，可能导致预算执行差异率过高，预算执行差异性得不到有效控制。是否对预算执行差异率进行控制。	一般	财务处	收入到账后，递交文主管部门盖章申请拨款的立项领导签字明细；相关科提供票据记账联，拨款通知、合同协议，任务委托书或项目申报书等材料复印件，并报分管校领导审批通过后下拨相关经费。	《复旦大学财务预决算管理办法》
		预算指标分解下达风险	是否对预算进行内部分解并审批下达。预算指标分解不够详细、具体，可能导致预算执行校内某些岗位和环节缺乏预算执行和控制依据；预算责任体系缺失或不健全，可能导致预算责任无法落实，预算缺乏强制性与严肃性；预算责任与执行单位或个人的控制能力不匹配，可能导致预算目标难以实现。	一般	财务处	1. 预算相关部门申请支出事项必须有预算指标，再履行预算支出审批手续。2. 无预算指标或超预算指标的事项应先履行预算追加或调整程序。3. 建立健全的预算追加、调整程序。	《复旦大学财务预决算管理办法》

— 61 —

续表

风险类别	业务	主要风险点	风险描述	风险等级	主责部门	主要防控措施	对应制度
预决算业务控制风险	预决算管理	预算调整风险	预算调整依据不充分、方案不合理，审批程序不规范，可能导致预算调整随意、频繁，预算失去约束性和严肃性；预算调整未按程序执行，可能导致舞弊行为的风险或产生相关预算弊行为的风险；对于上级单位有预算调整要求的预算项目，未按规定内容、规定范围、规定程序进行调整，可能招致上级单位的处罚。	一般	财务处	1. 预算单位提交预算调整（追加申请报告或《预算测算调整表》至单位负责人审批、签字并加盖单位公章；预算单位分管校领导提出意见后，递交至出管专管员审核，通过后递交至管理办公室会复核。2. 支出管理办公室汇总申请，转交至财务处预决算科，形成预算调整文件，并根据金额大小上报校长或校办公会审批。	《复旦大学预算调整与追加测算实施细则》
		预算考核风险	未建立预算绩效评价机制，未开展预算绩效考核工作，削弱预算控制效果，可能导致预算资金配置或使用效益低下的风险；考核评价主体和对象界定不合理，考核指标不科学，考核过程不够公开透明，影响考核结果的客观性、公正性、权威性；评价结果未得到有效应用，预算管理流于形式。	一般	财务处	1. 教育部预算管理状况评价：根据财务管理状况评价工作要求，每年5月开展"直属高校财务管理状况评价工作"，针对我校预算管理进行自评打分。2. 校内预算执行绩效考核：预算专管员对预算执行进度、支出内容是否与预算相符进行考核／督促，预算决算科根据执行率汇总的每月预算的执行率和执行率拟订月《收入支出表》，报科长、报校长。	《复旦大学财务决算管理办法》

续表

风险类别	业务	主要风险点	风险描述	风险等级	主责部门	主要防控措施	对应制度
预决算业务控制风险	预决算管理	预算考核风险		一般	财务处	分管副校长、财务处处长、分管副校长及校长审定《收入支出表》审定结果，形成预算考核报告。3. 建立绩效管理制度试运行：预算绩效管理制度试运行完成有评价。4. 教育部每年7月（"一上"上报时间）根据上一年改善办学条件专项评审，评审结果于每年11月（"一下"时间）反馈结果进行专项评审以后作为改进预算管理和安排以后年度预算的重要依据。	《复旦大学财务预决算管理办法》
		决算管理风险	决算编制人员不了解决算报表编制要求，未按照决算报表编制规定；会计决算风险；存在合规风险；会计决算信息不真实、不完整、不及时，可能导致财务信息无法客观反映高校实际情况和决策失误的风险；不重视决算分析工作，决算分析结果未得到有效运用，学校预算与决算相互脱节，影响财政资金使用效率，导致学校内部管理水平得不到提高。	一般	财务处	1. 根据教育部要求，按照规定的时间、格式，要求进行决算编制，拟订《关于报送决算的报告》20×x年报送复旦大学。2. 决算报表内容完整、数据准确，层层审批（财务副处长、校长审批）审核审批通过复旦大学决算。3. 将考核反馈各部门正式地复核门并向社会公众公开、查找问题、制定整改措施。	《复旦大学财务预决算管理办法》

表4

支出业务控制风险数据库

风险类别	业务	主要风险点	风险描述	风险等级	主责部门	主要防控措施	对应制度
支出业务控制风险	支出管理	支出预算管理风险	支出业务未纳入预算或超过预算规定的范围、标准，可能导致经费滥用或无效使用；各项支出缺乏合理的预算监控机制，未包含在预算内的预控项目完成的预算控制失效；不同项目之间支出相互调配或挤占，导致资金使用违反财政使用的规范。	一般	财务处	1. 通过建立支出预算管理制度并严格执行相关制度进行控制相应的预算支出风险。2. 申请人在网站上提交报销申请时，若超过总预算或预算或财务系统报错，则预约系统和财务系统报错。	《复旦大学项目支出预算管理办法》《复旦大学财务处大额货币资金支付业务规范》《复旦大学大额货币资金支付审批办法》《财务处关于暂付款管理办法》《财务处关于规范会计核算录入的规定》
		支出审批风险	支出授权审批制度不完善，重大项目和大额资金未履行集体决策程序，可能导致资金损失或浪费；发生支出事项时未按照规定审核各类凭据的真实性、合法性、合法性；业务经办人未提供真实、与实际业务票据不符，可能导致资金被套取或浪费，缺乏对财政资金使用情况的审批监控，导致资金使用效果偏离预期目标，面临拨款资格减少或取消拨款资格或受到经济处罚的风险。	一般	财务处	1. 通过建立支出审批管理制度及审批流程并严格控制相关风险。2. 所有预算外支出需严格按照预算调整审批流程。3. 大额资金支付需执行大学大额资金支付审批办法》相关要求	《复旦大学项目支出预算管理办法》《复旦大学财务处大额货币资金支付业务规范》《复旦大学大额货币资金支付审批办法》《复旦大学关于暂付款管理办法》等

续表

风险类别	业务	主要风险点	风险描述	风险等级	主责部门	主要防控措施	对应制度
支出业务控制风险	支出管理	支出方式风险	未按照国家规定方式开展支出工作，可能导致学校支出业务不合规；针对不同支出事项选择的支付方式不当，影响资金使用效率。	一般	财务处	严格按照国家规定方式开展支出工作，并通过支出管理办法控制及制定及严格执行学校支出管理办法控制相关风险。	《复旦大学项目支出预算管理办法》等
		报销业务风险	财务报销审核不严格，支付控制不到位，可能导致资金损失或浪费，或者出现私设"小金库"的情形；财务报销审核不严格，可能导致非预算内费用完成报销或越级审批，造成资金的流失；报销业务相关票据未经严格复核，可能出现依据虚假票据为报销依据的情况，违反会计核算法规或受到国家相关监管机构的处罚。	一般	财务处	1. 预约单需通过物流系统扫描后随机分配给审核人员，避免报销经办人与审核人员内外勾结，违规报销，套取资金。2. 根据不同业务类型、制定报销预约申请、内部审核、预约审批、扫描分配、审核、复核、支付流程，明确报销、审核、复核、支付各岗位工作权限、职责权限和工作时间节点。3. 资金支付经复核人员复核后方能支付。通过银企直联平台支付的支付凭证一经提交交付后，不得随意反复修改支付凭证，确保银行已成功支付后，需由专人核对支付信息确保信息相符，支付失败或被银行退回后，由审核人通知报销经办人修改支付信息并录入凭证重新支付。	《复旦大学财务报销规定》《复旦大学大额货币资金支付审批办法》

风险类别	业务	主要风险点	风险描述	风险等级	主责部门	主要防控措施	对应制度
支出业务控制风险	支出管理	报销业务风险		一般	财务处	4. 资金支付环节实行签署制度。单笔支付金额在5万元以上20万元以下，需科长或副科长签署后支付，支付金额在20万元以上1000万元以下，由分管副处长签署。对同一天发生两笔以上相同金额相同收款人的支付业务，须经复核岗再次确认，由科长或副科长签署后，出纳人员方可办理支付业务。 5. 审核人员根据复旦大学财务报销规定审核单据来源是否合法、内容是否真实，使用是否正确，是否经过适当审批、系统设置超预算支出无法记账。审核时注意发票是否连号，对于有疑问的发票在税务网站上查询，电子发票需事先在财务系统进行认证。对于违规报销，及时向学校纪检部门反映。	《复旦大学财务报销规定》《复旦大学大额货币资金支付审批办法》

续表

风险类别	业务	主要风险点	风险描述	风险等级	主责部门	主要防控措施	对应制度
支出业务控制风险	支出管理	筹融资风险	由于筹集资金的方式、结构、品种、时间或使用所需资金、从而无法及时筹措到期债务或增资的情况下，学校在自有资金不足的情况下，通过向银行贷款来筹集资金，若举债不适当则可能会导致严重的财务危机。	一般	财务处	筹融资作为三重一大事项，在进行前需经过校会的集体决策，并上报教育部审批。	
		税务管理风险	学校对税务政策把握不准确，导致未能合理避税或无法享受国家规定的减免税相关优惠；学校应纳税额计算错误，导致税费多缴或少缴，使学校承担不利后果。	一般	财务处	设置税务管理岗，专人负责税务申报、筹划，定期核对税务专用软件中票据开具数据与财务账套应缴税金是否相符。	
		应收款项业务风险	应收或预付款长期挂账未清理，可能导致支出不真实、不完整；或核算收款催收不及时，或应收账款催收程序不规范，影响学校资金周转的效率和财务信息的公允性。	重要	财务处	1.财务处向综合管理办公室不定期向各单位发送往来款催收通知，督促各单位及时还款。2.针对预开发票的情况，财务处维护开票台账，针对未及时开回款的，则督促促开票申请人及时催缴。	

（三）降低运营风险、提高资产质量

我校风险管理是对学校资产和运营活动全面、动态和前瞻性的综合平衡管理，并产生独立的风险评估报告等，而风险数据库为学校风险的衡量、报告和控制提供了精确、可靠和及时的信息。根据外部环境、内部因素等变动趋势，灵活运用风险数据库工具，从资产和负债等多方面对学校资产进行动态调整，从而使学校在自身的风险有效控制下实现运转高效化。通过风险数据库，学校能够有效完成在风险管理系统中的风险衡量和评估、风险的综合评价等，并为及时更新风险等级提供必要的数据支持和决策辅助。基于风险数据库的全面风险管理的实施，对学校的各项工作进行了全面的管控，对学校资产控制查漏补缺，实时监控学校各类资产的合法合规，安全有效，有效地提升了学校资产质量。

（四）优化业务流程、全过程控制风险

在识别业务流程层面的风险中，一项重要的工作就是对各个子流程进行流程梳理，绘制流程图，并进行流程描述。各业务部门在梳理流程的过程当中，结合管理目标的要求和工作实际，分析业务流程中的不合理之处并加以优化，不仅控制的业务层面的风险同时也提高了工作的效率。

复旦大学组织结构复杂，层级多，各院系部处所涉及的各业务流程直接影响着学校预算额度安排及资金的使用效益。现阶段学校各事项由事后控制（预算执行分析、决算审核）向

全过程（项目立项、招标控制价审核、概算审核、预算审核、结算审核、决算审核、项目绩效后评价等）控制转变，风险管理在学校管理全过程中的作用越来越突出。

（五）辅助学校决策、规范指导管理

学校通过风险评估，围绕风险数据库对全校层面风险进行识别、评估确定重大风险分布并开展重大风险成因、影响分析，提出管理策略和解决方案，将风险按可能性和影响程度分为重大风险、重要风险和一般风险三类，为领导决策、把握重点开展工作提供辅助支持。梳理业务内部控制制度和流程，形成制度体系框架、流程体系框架以及流程体系文件，同时开展了流程层面风险评估与控制措施评价，规范了各项业务流程并通过流程再造得以持续改进；通过调研管理现状，分析管控措施有效性、运行效果，针对管理中的薄弱环节，提出优化建议，形成综合性风险管理建议，为防范学校重大风险、加强管理规范性提供了重要指导。

（六）固化建设成果、指导日常工作

在建设风险数据库的过程中，我校形成了风险数据库手册将工作成果进行固化。手册内容包含风险类别、相关业务活动、主要风险点、风险描述、风险评估的结果（风险等级）、风险管理的主责部门、风险管理的防控措施以及管控风险的制度文件八方面内容。手册的制定一方面方便领导及业务经办人员随时查询学习，另一方面也为今后的风险评估工作开展提供了工具和方法。

五、经验总结和进一步工作规划

（一）经验总结

1. 有权威性的组织机构是成功的重要保障

风险数据库的建设不应该仅仅是一个流程梳理、风险评估、形成管控措施的过程，它更重要的作用是增强全员风险意识，建设以风险管理为导向的高校管理文化。这就需要有一个具有权威性的组织机构来领导整个建设工作。我校高度重视此项工作，成立了由校长担任组长，各职能部处/二级单位负责人任组员的建设领导小组。领导小组在实际建设过程中发挥了重要的推动和协同作用，极大地提升了各单位对此项工作的重视程度，推进了工作的协调开展，保障了既定建设目标的实现。

2. 紧紧围绕"管理提升"的目标开展风险评估工作

风险评估工作不是为了评估而评估，在风险评估的过程中，识别管理目标，深刻理解学校的战略发展理念和战略发展方向是合理进行风险评估的重要前提。风险评估的定性标准就是看其对实现学校整体发展和事业发展目标的影响程度。我校在风险评估工作中始终把握这一原则，对于支撑学校战略发展方向的关键流程，如预决算管理、科研经费管理等，着力深度剖析风险点以及风险可能带来的影响，加大投入资源进行控制活动和制度建设。

3. 借助外部专家经验、引入成熟模板工具，提升风险库建设工作效率

针对我校风险管理刚起步，人才、知识、手段匮乏的现状，我校在风险数据库建设的过程中，建设小组一方面苦练内功，召开工作会议学习相关文件并组织有关职能部门人员赴兄弟院校学习调研，取长补短，拓宽思路。另一方面聘请了外部专业机构，在外部专家的指导下，引入了各类成熟的模板工具，在比较短的时间内梳理形成了一套既能满足面上建设要求，又能符合自身管理特点的风险管控框架。外部专家的协助既提升了工作效率，也推动了工作科学有序的开展。

4. 重视成果的落地执行，促进风险管理的持续完善

风险数据库建立是开展风险管理的基础和依据，和风险管理一样，风险数据库的建立本身应该是融入业务中，不断持续优化的动态过程。风险库的建立不能仅仅停留在形成一套文件，要同步建设相应的机制以促使成果落地执行。我校在风险数据库建设的同时，以《复旦大学内部控制评价手册》为指导，形成对复旦大学风险评估工作和内控体系评价工作的具体工作模板，包括风险调查问卷、控制点测试步骤、样本数量、评估测试结果等。这些工作模板为风险数据库的日常维护提供了有效的工具。同时，我校将建立健全约束机制列为下一步的工作规划中，以期形成风险管理的长效推进机制。

（二）下一步工作规划

基于第一阶段的成果，结合各类相关制度指引文件精神和我校实际，计划从以下三个方面建立风险管理长效机制：

1. 加大制度建设力度

将进一步健全制度体系作为内控建设的重中之重。继续制订或修订《复旦大学内部控制手册》《复旦大学报销指引——科研项目资金差旅费、会议费》《复旦大学科研项目资金实操手册》《复旦大学公务卡使用手册》《复旦大学文科科研项目管理办法》《政府采购政策宣传手册》《复旦大学基本建设项目工程变更和签证管理办法（试行）》《复旦大学技术合同管理办法》等制度。

2. 加大宣传培训力度

将积极组织内部风险管理座谈会，邀请关键岗位责任人，倾听呼声，解答疑问，回应需求。重点关注高风险关键管控环节，切实掌握其政策落实情况和需求，提出针对性的内控辅导；不定期针对某具体管理领域召开内控会议，围绕重点难点问题，集思广益，寻求高效解决方案；内控建设牵头部门组织政策规定解读、咨询专题会议，对预决算管理、政府采购、科研经费管理、收支业务等方面的现有政策措施及新文件精神进行系统解读。

3. 健全建立约束机制

建立风险管理正向激励机制，在全校各院系部处单位全年考核中，应对风险管理包括内控工作进行单独考核，对在风险管理内控工作中成绩突出的部门、员工给予奖励；健全内控管理问责机制，对制度执行中出现偏差问题的单位和个人按有关规定严肃处理。让内控工作的重要性深入人心，对风险把控观念落实到实际工作中去。

固定资产全生命周期管理

西南大学财务处

任元明　　陈建英

【摘要】高等学校固定资产是国有资产的重要组成部分，是高等学校办学事业发展的硬件保证和基础条件，不仅是衡量高校办学规模的显性标准，更是决定高等教育发展水平的重要物质基础，加强高等学校固定资产管理十分重要。在固定资产管理中，西南大学将企业管理领域的"流程管理"理论和"全生命周期管理"理论引入固定资产管理，运用信息化系统实现从预算管理、购置申请、招标采购、交付验收、建账建卡、使用管理、维修维护、调拨调剂、处置报废到系统销账的"固定资产全生命周期管理"，实现固定资产的标准化、动态化、模块化和精细化管理，提高国有资产使用效益，维护国有资产安全，解决高等学校国有资产迅速增长带来的管理难题。

一、背景情况

（一）西南大学基本情况

西南大学是教育部直属，由教育部、农业部、重庆市共建的重点综合大学，是国家"211 工程"和"985 工程优势学科创新平台"建设高校。学校现有 32 个学院（部），105 个本科专业，其中国家级特色专业 20 个。现有在校学生 5 万余人，其中普通本科生近 4 万人，硕士、博士研究生 1.1 万人，留学生 800 余人。学校现有专任教师 2968 人，其中教授 572 人、副教授 1115 人，博士生导师 331 人、硕士生导师 1398 人，中国科学院院士 1 人、中国工程院院士 1 人。学校建有国家重点实验室 1 个、国家工程技术研究中心 1 个。

学校现有 53 个一级学科，涵盖了哲、经、法、教、文、史、理、工、农、医、管、艺等 12 个学科门类，其中有 3 个国家重点学科、2 个国家重点（培育）学科，19 个一级学科具有博士学位授予权，44 个一级学科具有硕士学位授予权，有 1 种专业博士学位、19 种专业硕士学位，另有博士后科研流动站 22 个，有 6 个学科进入 ESI 世界排名前 1%。

"十二五"期间，学校国家级科研立项数量达 900 余项，科研经费总量达到 20.35 亿元，获"973"项目、"863"项目（课题）、国家社会科学基金重大项目、国家重点研发计划项目、国家重大文化工程项目等国家级项目 700 余项，获得授权专利 1000 余项，育成动植物新品种 50 个。"十二五"以来获国家科技进步二等奖 2 项、国家自然科学二等奖 1 项、中国专利优秀奖 1 项、教育部普通高校科学研究优秀成果奖（人文社会科学）20 余项。

（二）固定资产全生命周期管理前的情况

固定资产在学校事业改革和发展中发挥了重要的保障作用，由于受客观环境和思想观念等因素的影响，实行固定资产全生命周期管理前，学校固定资产管理比较薄弱，主要表现在以下方面：

1. 责任意识有待加强，工作效率有待提升

由于传统观念和管理手段的影响，无论是从资产管理部门、资产使用部门，还是专兼职资产管理员等都不同程度存在对固定资产的管理意识淡薄、重视程度不够的问题。"重钱轻物，重购轻管"的现象普遍存在。这种现象很大程度上影响了固定资产管理的责任意识和工作效率。

2. 固定资产变动频繁，难以获取实时数据

传统固定资产管理模式高度依赖手工，无法适时对学校新购、调拨、报废固定资产等情况及时变动相关数据。即使定期开展资产清查核查工作，也会因为相关数据未通过信息化系统更新，学校资产管理部门无法实时准确全面掌握固定资产动态数据，最终影响学校的最高决策。

3. 固定资产闲置浪费与短缺状况并存，资源共享不充分

传统固定资产管理模式下，学校的决策层，资产管理部门、资产使用单位无法了解学校固定资产状况，财务部门、资产管理部门、采购与招投标管理部门缺乏有效沟通，各单位自行管理固定资产，学校缺乏统一平台，由此可能导致重复申购、重复购买，最终结果是固定资产无法充分共享，闲置浪费与短缺状况并存。

4. 财务账和资产账、资产账和实物账难以相符

传统固定资产管理模式下，学校财务部门与资产管理部门

各有一套独立的管理信息系统，由于固定资产报废处理后资产账做了变更而财务账未实时变更等因素导致财务账和资产账不一致。由于固定资产损毁后找不到相应的赔偿责任人等因素导致资产账和实物账不符。由于新购固定资产未严格执行财务入固手续等因素导致财务账和资产账、实物账不符。

二、固定资产全生命周期管理的总体设计

（一）固定资产全生命周期管理的概念

全生命周期管理是指对管理对象生命周期的全过程实行一体化动态管理的行为。产品生命周期管理的研究起始于美国国防部 1985 年 9 月的一项战略性计划，主要内涵是全寿命管理和全寿命信息支持，该计划实施后效益显著，并引起美国商务部的高度关注。高校固定资产全生命周期管理，是指对固定资产一体化动态管理的行为。这种行为基于将高校固定资产细分为固定资产形成期、固定资产运行期和固定资产处置期三个阶段，借助现代信息技术系统——固定资产全生命周期管理系统，实现固定资产的标准化、动态化、模块化和精细化管理。

（二）固定资产全生命周期管理的目标

建立固定资产管理制度体系。对财务、资产、采购与招投标、资产使用单位等部门和资产管理员、资产使用者的职责、职能和管理边界做出明确划分与界定，落实固定资产管理责任。实现固定资产从预算到处置的全过程管理，保证资产安全，防

范国有资产流失风险。建立大型仪器设备共享平台，提高固定资产使用效率。实时统计学校固定资产尤其是大型仪器设备的情况以及各单位、教职工固定资产的使用情况，为学校科学决策提供支撑。联通财务部门、资产管理部门和采购部门的多套信息系统并实现数据共享和实时更新，实现账账相符、账实相符。

（三）固定资产全生命周期管理的总体思路

建章立制，明确职责，修订和完善固定资产管理制度，形成学校固定资产管理制度体系。利用资产清查的契机摸清固定资产情况，分析管理薄弱环节，为实施全生命周期管理奠定基础。"以问题为导向、以需求为动力"开发固定资产管理信息系统消除信息孤岛，提升管理水平。加强财务部门、固定资产管理业务部门的通力合作协调配合作用。

（四）固定资产全生命周期管理流程

固定资产全生命周期管理流程如图 1 所示。

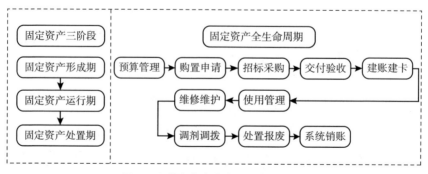

图 1　固定资产全生命周期管理流程

三、固定资产全生命周期管理具体实施过程

（一）划分学校固定资产管理体制及管理职责

学校对固定资产实行"统一领导，归口管理，分级负责，责任到人"的工作机制，合理配置和有效利用资产，依法保护学校的资产不被侵占，破坏和流失。学校国有资产管理领导小组统一领导全校固定资产管理工作。

1. 财务处

财务处负责全校固定资产购置资金的筹措和调度；固定资产预算的审核和下达；固定资产采购预算执行的调整、监督、控制和分析；根据各单位验收单和职能部门的报告支付款项；办理固定资产财务入账手续；对固定资产变更、报废等情况做出相应的会计记录。

2. 固定资产管理处

固定资产管理处负责拟订学校固定资产管理制度，建立健全相应管理体系；编制机关及直属单位家具及其他物资购置明细预算；对学校设备、家具、房屋等固定资产明细账管理及图书总账管理；组织开展家具及其他物资验收、调拨及报废鉴定工作；完成报废资产回收、处置工作。

3. 实验室与设备管理处

实验室与设备管理处负责拟订学校实验室及设备管理制

度，建立健全相应管理体系；组织制订学校仪器设备的购置计划；学校仪器设备的购置论证、验收、调拨和报废鉴定等工作；督促指导仪器设备使用单位做好仪器设备日常管理；进口设备管理。

4. 基本建设管理处

基本建设管理处负责建立健全学校基本建设、维修改造等建设与管理的规章制度和工作机制；负责建设工程项目报批、设计、施工、工程材料核价及工程造价等管理工作；负责水、电等能源基础设施建设的规划设计、维护更新等工作；负责建设工程档案的整理、建档、移交和归档工作。

5. 采购与招投标管理中心

采购与招投标管理中心负责拟订学校有关采购与招投标的规章制度与具体实施办法；制订具体采购方案，组织实施学校采购与招投标工作。

6. 资产使用单位

单位资产管理员负责草拟固定资产预算报单位领导审核后送固定资产归口管理部门；根据财务部门批复的固定资产预算和固定资产使用人员的具体需求提出固定资产具体采购计划；负责本单位固定资产购置、验收、调拨和报废鉴定等固定资产日常管理。

7. 资产使用人

根据工作需要，提出固定资产购置申请；妥善保管和使用名下的固定资产；工作岗位发生变动时，向本单位资产管理员提出固定资产变动申请；固定资产到达使用寿命时，提出报废申请，经过一定程序审批后报废。

（二）建章立制，建立和完善固定资产管理制度

规章制度可以实现工作流程规范化、岗位职责明细化、管理方法科学化。除了遵守国家固定资产管理方面的法规外，结合实际情况，西南大学对固定资产管理的各个子流程都制定了对应的规章制度和实施细则（见表1），为实现固定资产全生命周期管理奠定了制度基础。

表1　　　　　　　　　　学校固定资产管理制度

序号	流程	规章制度和实施细则
1	预算管理	西南大学预算管理制度 西南大学行政办公设备及家具配置预算标准
2	购置申请	西南大学仪器设备咨询与鉴定专家工作职责
3	招标采购	西南大学工程建设项目采购与招投标管理实施细则 关于进一步简化科研仪器设备采购管理的实施意见 采购与招投标管理中心开标、评标工作规程 采购与招投标管理中心合同管理制度 采购与招投标管理中心档案管理制度 采购与招投标管理中心采购信息公开制度
4	交付验收	西南大学固定资产验收工作实施细则
5	建账建卡	西南大学预算管理制度
6	维护维修	西南大学行政办公设备及家具配置预算标准
7	调拨调配	西南大学固定资产处置管理办法
8	处置报废	西南大学固定资产处置管理办法
9	系统销账	西南大学固定资产处置管理办法

（三）建设固定资产全生命周期管理信息系统

为了实现固定资产的有效管理，学校通过和软件公司合作，开发了西南大学固定资产全生命周期管理系统，该系统按照数据规范、标准统一，平台兼容、资源共享的要求，统一不同平台的固定资产录入信息标准，设置固定资产信息关键要素标准，便于快速录入固定资产相关信息。同时，可以保证财务管理软件与固定资产管理平台有效对接，实现财务管理与资产管理相结合。

（四）建设一支高素质管理队伍

要做好固定资产全生命周期管理工作，必须建设一支高素质的管理队伍，包括学校国有资产管理处、各单位分管领导、固定资产管理员等。首先要在学校固定资产管理上树立全局意识和系统意识，形成各环节、各部门之间相互监督、相互协调、共同管理固定资产的良好局面。其次要通过有针对性的培训，让学校各级资产管理人员熟练掌握固定资产全生命周期管理系统的使用方法，保证管理系统能够有效运行。

（五）固定资产全生命周期管理流程

固定资产全生命周期管理流程如图2所示。

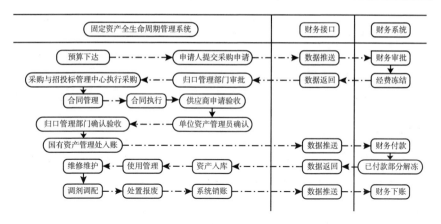

图 2　固定资产全生命周期管理流程

1. 预算下达

在预算年度内，各单位根据下达的预算向固定资产归口管理部门申报当年固定资产需求计划；固定资产归口管理部门以各单位资产存量为依据，审核各单位报送的固定资产需求计划并根据轻重缓急予以排序；财务处根据当年学校财力和固定资产需求计划切分当年固定资产经费预算额度；固定资产归口管理部门根据排序后的固定资产需求计划和当年固定资产经费预算额度，汇总编制当年固定资产预算明细草案，经学校审定后形成当年固定资产预算并按程序组织实施。

2. 购置申请

当年已申报固定资产需求计划并获得批准的单位资产管理员提出固定资产购置申请并提交单位经费负责人。单位经费负责人审批购置申请后提交归口管理部门。归口管理部门审核后推送购置申请到财务处。财务处接收购置申请，办理经费冻结后提交采购与招投标中心。

3. 招标采购

将经财务处审核后的购置申请区分为政府采购和学校自行采购。根据采购相关规定决定采购方式，按照公开招标、邀请招标、竞争性谈判等方式制定对应的招标文书。根据采购方式确定对应的评标方式，决定最终中标单位。采购过程中超出预算或者更改品名的须使用单位重新办理审核。

4. 交付验收

招标采购结束后进入合同执行期，供应商申请交付验收。单位资产使用人确认收到该供应商品。单位资产管理员对单位资产使用人提交的验收申请审批。单位负责人对资产管理员提交的验收申请审批后提交归口管理部门。归口管理部门对交付验收商品进行复核并提交国有资产管理处入固审核后财务处付款。财务处根据交付验收情况办理付款手续并解冻相关经费。

5. 建账建卡

财务处根据国有资产管理处提交的交付验收申请办理付款并解冻相关经费手续后，根据相关数据办理固定资产财务入账手续。返回相关数据到国有资产管理处，国有资产管理处办理固定资产入库手续并打印固定资产标签卡片。

6. 使用管理

（1）对已完工的基建工程、购入的固定资产、收到的捐赠资产等及时入账，并按照数量、金额一一登记明细账簿，编制固定资产卡片，并按照实际盘点情况及时调增调减固定资产，确保账账相符、账实相符。

（2）单位资产管理员加强固定资产的盘点工作，完善固定资产的领用、交接、处置程序，并定期对固定资产的使用情况进行分析汇总，为合理配置固定资产、提高使用效率提供依据。

（3）国有资产管理处深入固定资产使用部门实际调查了解情况，了解固定资产的使用、处置情况，切实防止国有资产流失情况的发生。

（4）仪器设备管理人员必须熟悉所管仪器设备的性能及使用操作规程，健全大型设备技术档案，妥善保管一般设备的技术资料及使用说明书。

（5）电子仪器使用前必须熟读使用说明书，按要求检查自身保护装置，控制环境温度、湿度、连续工作时间、电源电压等，注意防潮、防尘、防腐；定期维护保养仪器，及时排除仪器故障，做好维修记录。

7. 维护维修

（1）对于出现故障的设备，要认真进行检测，在送修或自修之前，责任人应向设备维修负责人提交故障诊断书，判断是否在免费保修期内。

（2）对于在免费保修期内的设备故障，各责任人直接与厂家联系或转告设备维修负责人联系。对于在免费保修期外的设备故障，在维修之前，责任人应会同维修人员进行认真检测，然后填写维修申请卡，连同诊断结果、维修方案等一并提交实验室。对于人为造成的设备故障，该设备在管理上归属的责任人应责令肇事人员承担必要的维修费用及其他费用。

（3）凡是进行了维修的设备（无论何种维修），都必须进入设备维修台账。对于新购置的重要配件（进固定资产的）必须经设备管理员登记和签字后方可报销。

8. 调拨调剂

调拨调剂是指在不变更所有权的前提下，以无偿转让的方式变更固定资产占有、使用权的处置形式。其程序为：使用单位资产管理员填写固定资产调拨调剂申请表提交国有资产管理处审核。国有资产管理处审核调拨调剂申请表后在校园网发布资产调拨调剂公告。接收单位协调国有资产管理处办理资产移交手续并办理资产账、财务账的变更手续。

9. 处置报废

固定资产处置包括出售、报损和报废等。出售是指对固定资产以有偿转让的方式变更所有权或占有、使用权，并收取相应处置收益的处置形式。报损是指对固定资产发生呆账、非正常损失按有关规定进行产权注销的处置形式。报废是指对经科学鉴定或按有关规定，确定为已不能继续使用的固定资产，进行产权注销的处置形式。

（1）各单位拟报废的固定资产必须经技术人员（三人以上）进行技术鉴定并签署鉴定意见并如实填写固定资产报废申请表，提交归口管理部门。（2）归口管理部门按规定程序和权限对固定资产报废申请表进行审核、报批。对价值较高、技术复杂、精密度高的大型仪器设备的报废，应组织专业技术人员或聘请中介机构等单位进行鉴定，出具鉴定意见书。（3）国有资产管理处根据经审批同意的固定资产报废申请表及有关凭证逐一回收报废实物，待实物处理完毕后办理注销手续。房屋及构筑物拆除时，管理部门应根据教育部批复，填写固定资产报废申请表，按规定程序报经审批。

10. 系统销账

达到报废年限的固定资产经过学校一定程序审定通过后，按照审批权限报教育部、财政部备案或审批同意后注销下账。

四、取得成效

（一）固定资产全生命周期管理后的情况

（1）提高了对固定资产管理的认识，明确了管理责任。通过实施固定资产全生命周期管理系统，改变了学校各级领导对固定资产的管理观念，使其充分认识到此项工作的重要性。同时，基本建立了直接责任人、使用部门负责人、归口管理部门负责人的三级管理责任制，打破了以往均由校级资产管理员完成所有操作流程的管理窘境，实现了合理分工，增强了责任意识。

（2）建立了固定资产管理制度体系。在对全校固定资产特别是对贵重仪器和大型修建项目进行清查的基础上，针对薄弱环节建章立制，基本建立健全了全校固定资产管理制度，形成了固定资产管理制度体系。

（3）充分利用信息化管理手段，助推固定资产管理方式现代化。通过研发适合学校资产特点的固定资产全生命周期管理系统，实现了及时登记和掌握固定资产的增减、库存等动态数据，实时掌握资产动态，防止资产流失；打破信息不对称，实现资源共享；学校决策层可以适时掌握学校的资产状况，实现学校的可持续发展。

（4）解决了账账不符、账实不符的难题。固定资产全生命周期管理系统，实行角色和权限分配管理，财务人员和资产管理人员都被赋予相应的审核权限，通过阶梯式的递进管理，实现固定资产集群管理，提高了工作效率。

（二）对提升单位管理决策有用性的评价

实行固定资产全生命周期管理后，在学校内部建立起了一个统一、规范的固定资产管理信息平台，大大提升了单位管理决策水平。

（1）固定资产管理信息平台可以对全校固定资产数据进行实时、动态管理，可以对固定资产会计凭证跟踪、核查，实现与财务系统对接，有效解决固定资产账账不符、账实不符难题。

（2）根据日常业务办理程序设定审批流程，统一规范审批岗位职责、审批流程和操作员权限等，使固定资产数据形成一个闭环。既规范了固定资产管理程序，又提高了工作效率。

（3）固定资产使用单位可以利用固定资产全生命周期管理系统提交本单位的闲置资产，也可以按需选取其他单位的闲置资产，有效利用闲置资源，提高资源利用效益。

（三）对提升单位绩效管理水平的评价

（1）可以建立固定资产绩效评价指标体系。实行固定资产全生命周期管理后，可以利用固定资产全生命周期管理系统，建立固定资产绩效评价指标体系，运用此体系对全校固定资产进行科学、全面评价。

（2）可以对各单位固定资产管理情况进行绩效评价。在定性评价的基础上着重于定量考核，考核各单位所有的固定资产是否充分利用，有无闲置、浪费现象。尽可能客观、真实地反映固定资产的使用情况，从量化指标上规范管理从而有效提高资产使用效率。

（3）可以适时调整工作方向并制定有针对性的改进措施。通过评价结果及时掌握全校固定资产管理情况，发现薄弱环节和缺陷，有效确定下一步改进方向和措施。

五、经 验 总 结

（一）固定资产全生命周期管理的创新

（1）实现各个环节的全流程管理。固定资产全生命周期管理创造性应用战略管理领域的价值链管理工具，从预算下达到系统销账的整个过程实现了流程化管理，并且每个流程都有痕迹可追溯、可查询。

（2）提高固定资产管理能力。将固定资产各生命周期的环节统一在一套系统中进行管理，并且将分属于各个部门的固定资产管理职能统一在一个系统中，节约了大量人力物力，提高了管理水平和能力。

（3）提升固定资产管理的服务质量。秉承"尽可能让数据多跑路"的服务理念，将各个审批环节通过数据传输和反馈来实现，达到为教职工提供快捷、优质、高效的服务，提升固定资产服务质量。

（4）将固定资产管理划分为三个层级。固定资产全生命周期管理创造性应用绩效管理领域的关键指标法工具，根据固定资产各生命周期的特点，将学校固定资产分为固定资产形成期、固定资产运行期和固定资产报废期三个层级和关键指标。同时运用固定资产全生命周期管理系统将三个层级有机统一，实现集成化、信息化管理。

（5）形成了从资产使用者到职能部门的三级责任网络。细化资产使用者、资产使用单位、资产管理部门在资产管理中的职责职能，形成了边界清晰、责任明确的固定资产管理责任网络。

（二）固定资产全生命周期管理方法的关键因素

（1）学校领导转变观念并高度重视。实施固定资产全生命周期管理需要学校领导深刻理解固定资产的重要性，高度重视学校固定资产管理工作，支持财务及资产管理部门实施全生命周期管理。

（2）建立适合校情的固定资产联动管理机制。通过制度明确职责分工和操作流程，建立相关部门分工合作、互相监督的联动机制，确保固定资产账账、账实相符。

（3）优化信息化管理系统的功能和作用。固定资产全生命周期可以将财务、资产管理、采购、资产使用等部门紧密结合，实现固定资产形成、运行、报废等环节的有效管理。

（三）对推广运用管理会计工具方法的建议

为提高行政事业单位对管理会计理念、方法和工具学习运用的积极性，不断提升单位管理水平，建议从以下四个方面着手：

（1）行政事业单位应认真学习财政部管理会计系列文件，运用管理会计先进的管理理念、方法和工具，不断提高单位整体管理水平。

（2）借助外力促使单位重视管理会计的应用。建议设计一套行之有效、便于操作的管理会计考核指标体系，制定公开透明的考核办法，促使行政事业单位不断改进管理。

（3）发挥管理会计案例的示范带动效应，加大对行政事业单位应用管理会计理念，方法和工具管理实效及成功经验的宣传推广，组织管理会计经验交流和示范推广。

（4）加强行政事业单位管理会计信息系统的建设。指导单位设计科学合理的业务流程、设置主要业务功能模块，为单位开展管理会计活动提供完整及时准确的信息支持。

全面预算管理在上海交通大学的实施

上海交通大学

王光艳　范悦敏　吴　瑕　张湘怡　顾凌燕

【摘要】随着国家财政改革和教育体制改革的深入，如何建立既符合主管部门要求，又适合高校各自发展需求的预算管理新模式，成为高校必须研究和探讨的新课题。全面预算管理是提升管理的精细化水平，贯彻执行单位的发展战略的有效方法。上海交通大学通过实施全面预算管理，提升信息化管理水平，初步实现了学校资源的有效配置，通过推行校院两级预算，积极推动财权和事权向学院同步下移，激发了学院内生驱动力，提高学校的整体办学实力。全面预算管理的方法及其获得成功的经验得到学院的广泛认同，有效推动了学校教、学、研的发展和管理水平的提升，使学校的发展规划和计划目标得以顺利实现。

一、实 施 背 景

（一）学校基本情况

上海交通大学是教育部直属并与上海市共建的全国重点大学。截至 2016 年 12 月，学校共有 28 个学院/直属系，21 个研究院，13 家附属医院，2 个附属医学研究所，12 个直属单位，

6 个直属企业。全日制本科生（国内）16195 人、研究生（国内）30270 人，学位留学生 2401 人；有专任教师 2835 名；有中国科学院院士 22 名，中国工程院院士 24 名。学校现有本科专业 64 个；拥有一级学科博士学位授权点 38 个；一级学科硕士学位授权点 56 个；35 个博士后流动站。拥有"暗物质探索研究"等一批重大研究成果。

（二）学校预算管理情况

在高等教育发展历程中，上海交通大学始终走在教学科研改革的前列，综合排名稳居国内高校前五之列。近年来，学校在实施全面预算管理的基础上，全面提升财务管理水平，助力学校事业发展。

全面预算管理不是一蹴而就的，同大多数国内高校一样，学校预算管理模式经历了一个艰难的演变过程，图 1 记录了上海交通大学预算管理大事记，可以清晰反映其预算管理的各个发展阶段。

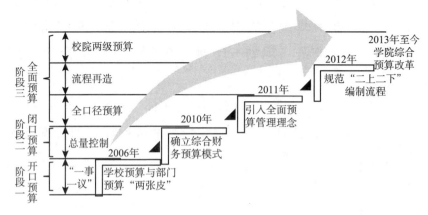

图 1　上海交通大学预算管理大事记

2006 年以前，学校预算处于开口预算阶段，仅编制学校非专项可控财力预算，在预算执行过程中未实施有效控制，通常在年度支出事项发生时采用"一事一议"的方式安排使用资金。同时，学校预算与部门预算无法衔接，出现"两张皮"的问题，无法反映学校年度总体财务收支情况，更无法发挥对学校资源配置工作的服务和支撑作用。

2007～2008 年，学校扩大预算编制范围，将部分学校可统筹的专项经费纳入学校预算，提出了"总量控制、闭口预算"的原则，并制定相应的指导性规范文件。在预算执行过程中，加强有效控制，规范调整程序，仅在每年 9 月进行一次调整，为进一步全面反映学校年度财务收支，加强预算严肃性和执行预算控制奠定了基础。

2009～2010 年，学校采用全口径预算，将学校可控财力和非可控财力纳入学校预算，学校预算与部门预算初步衔接，在拟订学校发展计划的基础上，体现学校年度工作目标，提出"厉行节约、支持发展"的预算编制原则，搭建起较为完整的预算管理框架。

2011～2013 年，学校在全口径预算的基础上，规范了"二上二下"的预算编制流程，强调项目库概念，加强明细预算管理，初步建立"规划—计划—预算"有机结合的管理机制。

2013 年以后，为落实学校"院为实体"的综合改革目标，开始推进学院综合预算改革，强化校院两级预算管理，积极推动财权和事权向学院同步下移。

（三）实施全面预算管理的必要性

1. 是改革新常态的选择，也是监督新常态的要求

以预算改革、税制改革以及财政改革为重点的财政体制改革深入推进，对高校预算管理提出新的要求。新预算法提出要"建立健全全面规范、公开透明的预算制度"，以《财政部关于推进中央部门中期财政规划管理的意见》《中央部门预算绩效目标管理办法》为代表的制度设计，明确了规划对预算管理的指导作用，要求增强预算约束力和进行绩效预算管理。在这样的新形势下，促使学校必然选择运用全面预算管理来满足新的法规制度和主管部门的要求。

2. 来自社会与舆论监督的要求

高校是非营利组织，学校的大部分资金来源于财政拨款。随着信息化时代的到来，社会与舆论对教育，尤其是高等教育的财务管理和经费使用表现出前所未有的关注，敦促学校借助全面预算管理，在学校发展规划的指导下，优化资源配置，有效控制办学成本，提高资金使用效益，同时也使高校财务管理更透明地运作。

3. 学校自身精细化管理的需求

随着国家对教育投入的加大和高校筹资渠道的增加，高校资金量迅速膨胀，办学规模不断扩大，但学校内部管理瓶颈问题导致的预算与发展规划、事业计划脱节，资源配置不合理；财务管理流程与学校管理体系不匹配；没有有效财务分析对决策进行支撑等一系列的问题也日渐凸显。需要学校以全面预算管理为抓手，提供更有力的财务管理支撑和更满意的财务管理服务。

4. 学校治理体系的变革需求

推进"院为实体"学院综合预算改革的要求，赋予院系更多的财务自主权，真正实现学院责、权、利相统一，也需要以全面预算管理为抓手，一方面强化学院自主管理和自主理财意识，另一方面为学院提供更有力的财务管理支撑和更满意的财务管理服务。

二、全面预算管理体系构建

（一）全面预算管理建设目标

全面预算管理以学校战略目标为基础，以学校事业发展规划为指导，形成年度计划中的具体事项，再以预算的形式体现为资源的配置，通过建立"规划—计划—预算"相衔接的管理机制，搭建学校综合财务管理框架。同时，学校以成本核算为基础，使全面预算管理成为控制学校日常活动的重要工具，协调各部门业务的有效手段，进行绩效评价和考核的标准和依据，从而实现学校办学资源的合理优化配置，提高资源的利用效率。

（二）全面预算管理设计理念

全面预算管理体现在预算的全部门参与、全方位管理、全过程跟踪，通过建立预算管理组织架构体系、预算编制流程体系、预算执行管理控制体系、预算管理报告体系和预算绩效评价体系，利用信息化手段搭建管理平台，对预算事项实现事前、事中、事后的有效监控，在确保资金安全的同时使资金发挥最大效益。

预算的全部门参与，体现在预算管理的组织结构上，学校所有学院、研究院、职能部处、直属单位均为预算管理的二级单位，预算收支全部纳入学校预算统一管理，各级管理组织形成决策系统、管理系统、执行系统、控制系统和监管系统，保证预算管理的全员参与。

预算的全方位管理，体现为全口径的预算，将所有渠道来源的资金全部纳入学校预算编制范围，全额完整反映学校年度总体财务收支情况。

预算的全过程跟踪，即通过预算管理信息平台，将预算编制、执行、控制的全过程集成在信息系统中，实现预算的全程管理。

（三）相关管理会计工具方法的应用

在全面预算管理的整体框架下，学校预算管理综合考虑支出的类别和特点，运用多种预算管理工具方法，与事业发展规划结合，体现学校战略要求。

1. 零基预算管理

在学校收入预算编制、项目支出预算编制过程中，根据预算的特点，采用了零基预算管理的方法，结合实际情况合理编制预算。例如，对改善办学条件项目，由相关职能部门组织专家进行项目评审，评价项目的可行性和各项支出的合理性，综合平衡后在年度预算中有计划地安排资金。

2. 滚动预算管理

按照综合预算管理框架对学校现存的项目进行梳理整合，规范项目的开设，特别是对支出项目进行了重新归类和整理规范，对非维持性、非业务性项目纳入项目库管理。项目库的设置根据学校规划来考虑，并将规划分解成三年滚动项目计划和实施方案，通过年度预算对学校发展规划和计划予以体现。

3. 弹性预算管理

在项目实施和执行的过程中，学校对项目的明细预算实行弹性预算管理，允许项目在预算总额的限制内，各支出明细项可在一定比例范围内进行浮动，及时应对项目实施过程中的因素条件变化，同时将变化控制在可控范围内。

4. 绩效管理

通过与学院签订目标协议书，落实预算管理责任，保证学校战略目标的落实；协议书规定的阶段结束，由学校规划部门会同各职能部处对学院目标任务完成情况进行考核，并将考核结果与以后年度资金分配挂钩，切实做到有奖有惩、奖惩分明。

三、全面预算管理的实施

全面预算管理在学校的实施过程，是学校综合运用预算管理的工具方法，规范流程、重塑框架、落实责任、加强考核，深入剖析学校管理中存在的问题，提出科学合理化建议，提供决策支撑，不断提升学校管理水平的过程。无论是与学校规划的对接，预算编制的流程，预算执行管理，还是预算考核评价，都是学校各部门全员参与预算管理的直接体现。通过每一项收支都纳入预算管理，解决了校级预算与部门预算"两张皮"的问题，使全面预算管理真正实现资金全额纳入预算管理。在全面预算管理中，每一个工作事项的预算资金从纳入预算安排，到实际支付，完成既定工作目标，实现绩效，真正体现了预算的全程管理。

（一）对接学校发展规划，建立滚动项目库

1. 对接学校发展规划

以学校中长期发展纲要或事业发展规划等确定的发展愿景为依据，综合考虑以前年度财务发展情况，分析宏观经济政策，遵循业财融合原则，制定学校的财务规划，并通过年度预算落实学校发展规划目标，实现任务和资源的高度匹配。

在规划期内，评估规划完成情况实行动态调整机制，对当前期间规划进行综合评价等，调整年度预算，拓宽资金来源，合理安排资金需求，发挥资金最大效益。通过规划和计划目标的实现，保障了学校发展规划的落实。

2. 建立滚动项目库

为对接学校事业发展规划，提高预算的可持续性，增强预算的约束力，学校对项目支出实行项目库管理。项目库长期开

放申报，对于纳入项目库管理的项目，由归口管理部门定期组织评审，通过评审后的项目方可安排预算资金。

项目库项目实行逐年滚动管理，一般为三年，逐年向前推进，使项目计划根据实际情况与战略规划更紧密结合。以改善办学条件专项的设备购置类项目为例，学校资产管理与实验室处要求校内各实验室根据学校发展规划和实验室建设需要申报三年的设备购置项目，所申报的下一年度项目一般于每年4月进行校内评审，评审主要由学校实验室建设委员会对项目的必要性、合理性进行评议，并根据评审结果对项目进行遴选排序，纳入项目库管理，并在申报下一年度预算时向财务计划处申请预算资金安排。

（二）规范预算编制流程，明确预算编制内容

1. 规范"二上二下"的预算编制流程

学校在全口径预算编制的基础上，规范"二上二下"的预算编制流程，进一步强化"二上"明细预算编制和"二下"明细预算控制。

学校财务综合预算编制每年年底启动，各学院根据本单位年度计划、相关职能部门根据学校年度事业计划提出资金需求，报财务计划处汇总形成年度财务预算草案，即"一上"预算编制。学校按照坚持"以人为本、厉行节约、支持发展、收支平衡"的原则，由分管财务的校领导牵头，组织专门会议与各部门讨论预算，根据学校事业发展的总体规划、年度工作计划重点，结合"一上"预算资金需求与规划、计划的匹配程度，对预算安排提出合理化建议。"一上"预算报财经工作

小组讨论，经党委常委会审议通过后，形成"一下"控制数下达各单位。在"二上"预算阶段，由各单位在"一下"控制数额度内编制"二上"明细预算，"二上"明细预算经财务计划处审核，下达各单位"二下"明细预算控制额度，由各单位在全年度执行中遵照执行。年度财务预算除履行常规审批程序之外，还要向党委书记、校长做重点汇报，向教职工代表大会公开。

预算编制流程如图2所示。

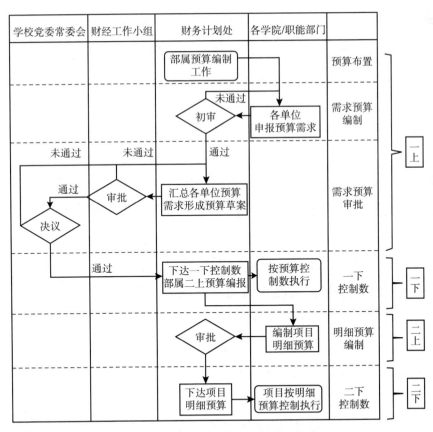

图2　上海交通大学财务综合预算编制流程

2. 重塑预算编制框架

全面预算管理模式下，学校预算根据管理需求和自身特点，定义预算的整体框架，将年度所有收入和所有支出全额纳入预算管理，充分体现全方位管理理念。

（1）预算收入框架设计。在预算管理较为粗放的阶段，校级预算只编制了学校可控财力部分，无法反映出学校年度总体财务收支情况，难以分析学校的整体财力情况，更无法发挥预算对学校资源配置工作的服务和支撑作用。全面预算管理下的预算收入框架，主要根据来源不同分为政府拨款收入、教育事业收入、科研经费收入、其他收入。根据事业发展规划，充分合理预测可能实现的年度收入，并对预测收入的可实现程度进行风险评估。同时，对预算收入进行梳理分类，根据资金可由学校支配使用的程度将其划分为校控资金和非校控资金。校控资金为学校可根据发展需要和用途规范，分配使用在事业发展各个方面的资金，如一般公共预算财政基本支出拨款、可由学校统筹使用的项目支出拨款、教育事业收入中的学校管理费收入等。非校控资金虽为学校收入，但因需按照既定的分配规则分配使用，学校无法再进行支配使用，如教育事业收入中按照分配政策分配院系使用资金、科研经费收入、捐赠收入等。根据资金可支配使用程度对预算收入进行划分，使预算分清了学校真正可以调配使用的资源，在进行资源分配时准确做到量入为出；同时，也使学校在资金筹集时更倾向于获取可自由支配资金而非盲目追求总体收入的增长。

（2）预算支出框架设计。预算支出根据内容划分为人员经费支出、日常运行支出、业务经费支出和专项经费支出等。

学校按照发展规划与年度计划编制支出预算，并将预算支出划分为刚性支出和非刚性支出。刚性支出为学校在一定范围内不随业务变化而变化的支出，如人员基本工资、日常办公经费、水电等维持性费用等。非刚性支出则指随学校业务增减变化而调节安排的支出，为事业发展需要而投入的资金，如增资性人员经费支出、基本建设支出、专项支出等。在预算收入明确了资金来源的情况下，通过对非刚性支出的分析，按照收支匹配、可持续发展的原则安排预算，特别通过项目库对项目支出进行项目储备，根据学校发展规划对项目进行遴选排序，通过预算支出分配的指挥棒推进学校事业的发展。

（三）落实预算执行责任，规范预算执行调整

1. 确定收入预算的同时落实执行责任

学校年度收入预算对接事业发展规划，根据资金保障规划，综合考虑宏观经济形势，使用科学的方法进行趋势预测后编报。然而，在各业务部门上报预算时，往往出现开拓筹资渠道动力不足，创收积极性不高等情况，造成收入预计较为保守，偏离规划目标。为保障学校事业发展，顺利完成规划目标，在学校全部门参与的预算管理组织架构下，学校在参考各业务部门预算编报情况的基础上，根据规划和上年实际执行情况调整确定收入预算指标，并专门落实各主管校领导和相关职能部处的收入预算执行任务，将收入任务指标分解、下达到责任部门，通过执行季报、半年报等形式通报收入执行任务完成情况。落实收入执行责任使职能部门更加重视收入预算的编报，以更加积极的态度去争取每一笔收入，保证年度收入预算的完成，进而向既定的收入规划目标迈进。

2. 支出预算实行归口管理

学校在全面预算管理中对预算实行归口管理，"让专业的部门做专业的事"，各单位申报的预算汇总后按类别由分管校领导或相关职能部处审核，充分论证经费使用的必要性和预算金额的合理性，例如由职能部处及学校专门工作小组对学校基础设施维护费、资产设备管理费、宣传费等费用制定相应的标准，依据标准和数量进行预算测算；对各单位单独申请的消防技防改造经费由保卫处审核实施，校园信息化建设由信息化办公室和网络信息中心统筹实施等。

3. 严格预算执行并规范预算调整

在实施全面预算管理之前，学校预算执行难以做到事前控制，也曾出现过诸如项目超支使用，在水电物业等维持性项目经费中开支差旅费等情况。学校通过预算管理相关制度规定，规范预算调整，发挥中期财务规划和预算对经济活动的管控作用，除重大应急支出及重大政策调整外，一般不增加当年支出规模。在项目明细预算控制方面，在规范"二上二下"预算编报流程的基础上，发挥各单位编制的"二上"明细预算在整个预算执行过程中的事前控制作用，通过系统导入明细预算，项目只能在审批通过的预算额内，在一定的弹性范围内列支，将预算执行控制到经济分类，杜绝了超预算和无预算支出的情况发生。

（四）加强预算执行考核，强调评价结果应用

1. 在各项业务中尝试绩效评价

全面预算管理改变了传统的"重分配、轻管理、少评价"的资金管理模式，更加强调预算绩效评价和资金使用效益。

在学校综合改革的校院两级预算管理推动过程中，为赋予院系更多的自主权，真正实现学院责、权、利相统一，学校与学院签订了为期三年的综合预算改革目标协议书，协议书中下达了学院学科建设、人才培养和国际化等经费，也同时确定了学院在阶段内应完成的学科建设、人才引进、科研增长等方面的目标任务，做到了事权与财权的结合。

在通过目标任务书强化绩效评价的过程中，敦促学院从预算管理入手，完善规章制度，强化预算管理理念；帮助学院摸清家底，理清可控财力；激发学院内生驱动力，提升学院自主管理的责任意识；从而促进了学校实现统一领导与分级管理的有效协同。在协议书规定的阶段结束，由学校规划部门会同各职能部处对学院目标任务完成情况进行考核，并将考核结果与以后年度资金分配挂钩，切实做到有奖有惩、奖惩分明。

2. 用考核评价结果推进学校管理

每年年度终了，学校财务计划处向党委常委会汇报年度预算执行情况，通过资金的使用情况反映出学校各项工作开展情况，通过与年初预算目标的逐一对照，发现学校管理中存在的问题，寻找阻碍事业发展的短板和瓶颈问题，从财务管理的角度提出解决问题的方案建议，推动问题的解决。例如，学校新

建楼宇启用时，通常由入驻学院向学校申请开办费，学校通过相应的决策程序进行"一事一议"的资金安排。随着这类资金需求和资金安排的增多，预算管理发现"一事一议"的资金安排方式容易出现不公平，也使学校和学院在博弈过程中耗费大量的精力。为规范学校新建楼宇启用时开办费的管理，推进资产管理和预算管理的科学化、规范化，由学校资产管理职能部门牵头，制定了新建楼宇启用开办费标准，规范该类资金的申请、下拨程序和标准依据。正是在这一年一年的预算编报、执行、考核评价过程中，通过不断地发现问题和解决问题，预算管理推动着学校各方面管理发展。预算不仅仅是编报很多预算表格，其辅助决策的作用越来越凸显，有力推动了学校事业向着战略规划目标前进。

四、全面预算管理实施效果

随着全面预算管理理念的深入，学校逐步建立"规划—计划—预算"相衔接的管理机制，通过预算体现学校年度工作目标，搭建起全部门参与、全方位管理、全过程跟踪的预算管理体系。

（一）形成全部门参与的预算管理组织结构

学校实行党委会领导下的校长负责制，由党委领导、校长行政、教授治学、民主管理。党委会是学校领导核心，对学校全局工作实行统一领导，为预算编制和实施的最高决策机构；各种专门工作领导小组由副校长及职能部处负责人组成，对相关预算进行研究讨论，发表权威意见；学校所有学院、研究院、职能部处、直属单位均为预算管理的二级单位，其年度预算收支全部纳入学校预算统一管理。各级管理组织形成了决策系统、管理系统、执行系统、控制系统和监管系统，保证全面预算管理的顺利实施。

（二）搭建全方位管理的预算管理框架体系

学校财务综合预算为全口径预算，所有渠道来源的资金全部纳入学校预算编制范围，使预算完整反映学校年度总体财务收支情况。年度预算收入编制范围不仅包括学校可自由支配使用的资金，还包括有特定用途的专项项目资金，以及由项目单位、课题组支配使用的资金。年度预算支出根据学校发展规划与年度计划编制，通过预算资金分配的指挥棒稳妥地推进学校事业的发展。根据学校事业发展的需要和资金实力，科学统筹安排、优化资源分配，让有限的资金最大限度地发挥作用，实现效益最大化。

（三）创建全过程跟踪的预算管理信息系统

随着学校财务管理信息化水平不断提高，原来通过 Excel 表格手工编制预算的方式已经无法满足精细化管理的需要。预算管理作为高校财务管理工作的核心，必然要应用信息化的有效手段，搭建符合学校管理要求的预算管理信息平台，这是学校财务管理流程、预算管理流程、内控流程全面改革和提升的过程。学校创建了全过程跟踪的预算管理信息系统，将根据学校管理需求搭建的预算框架嵌入系统，将"二上二下"的编制流程在系统中体现。通过体系建设、系统对接、流程整合再造，不仅实现了预算编制、执行的信息化，而且还实现学校财力分析、成本分析、绩效分析等，分析结果最终为预算考核及决策提供支持，做到资源优化配置并实现有效监控。

五、经验总结

实行全面预算管理以来，上海交通大学的财务管理水平不断提升，探究其成功的背后，主要是在预算管理中贯彻了战略导向、统筹兼顾、协同控制、效益优先的原则，具体为：

（一）预算管理围绕学校战略

实施全面预算管理，使学校从预算管理各个环节到具体的各项业务工作的开展，都紧紧围绕着学校战略目标、事业发展规划和业务计划有序进行，学院和各职能部门都聚焦学校发展的总体战略规划，以学校规划指导部门规划、年度计划和预算需求，同时在预算管理的各个环节中专注预算执行、规范流程以防范风险、最终实现目标并达成绩效。

（二）预算安排做到统筹兼顾

学校预算管理在战略规划指导下，统筹考虑了长期目标与短期目标、整体利益与局部利益、收入与支出平衡的关系，特别是在过去的学校建设时期，财力不够雄厚，在预算安排时就要充分考虑项目的必要性和重要性，分析资金安排的可行性。即使是在资金规模增长，财力情况较好的发展期，也仍旧需要统筹考虑事业发展各个具体目标之间的平衡，例如学科建设中的重点学科建设和一般学科建设之间的平衡关系等，以促进学校事业的可持续发展。

（三）预算控制注重协同推进

学校预算管理在实施全面预算管理的过程中，嵌入了业务管理的各个方面，通过全面预算的编制，实现预算编制、分配、执行的全过程管理，建立职能部门归口管理机制，全员参与预算管理，搭建起学校各部门之间、学校与学院之间更有效沟通的平台，使各单位在履行全面预算赋予的管理职能的同时，又按照预算控制的程序认真协调好各单位之间的关系，加强预算目标的执行监控，促进了规划和计划目标的达成，提高了资源的配置效率和使用效益。

（四）预算考评促进资源优化配置

尽管学校的绩效考评尚未形成较为完善的体系，但在全面预算管理中，服务于学校事业发展目标，各项业务都不同程度地在开展预算考评，积极将考评结果应用于推进工作的各个方面，发现问题，解决问题，在不断的自我完善中推动学校事业朝着战略规划目标前进。学校一直在努力建设科学合理的绩效评价指标体系，开展系统的绩效评价工作，并将评价结果有效应用，使资源得以最优配置。

湖南大学学院财务状况分析评价体系

湖南大学

尹谷良　　黎峥强　　邹雨杉　　张冰莹

赵娟娟　　陆海云　　穆　琪

【摘要】湖南大学计划财务处于2015年起组织开展全校24个学院的2014年度财务状况分析评价工作，并将评价结果与学校预算适度挂钩。2016年，对学院财务状况分析评价指标体系进一步进行修改完善。新的分析评价指标体系从学院收支能力、财务绩效、内部财务管理情况、财务发展能力四个维度进行考量，设置了30个评价指标，按照分类指导与效益优先相结合、目标导向与日常考核相结合和定性与定量相结合的原则，采用纵向比较、横向比较、分类比较、结构比率、因素分析等分析方法，对全校24个学院2013～2015年的财务数据进行了分析评价，并形成学院财务状况分析评价报告。财务状况分析评价体系不仅有助于改进学校预算执行情况、挖掘学院收入潜力、建立增收长效机制，更是在优化资金配置、降低财务风险、提高学院整体财务管理水平等方面有显著效果。

一、背 景 描 述

（一）学校基本情况

湖南大学办学起源于宋太祖开宝九年（公元976年）创

建的岳麓书院，历经宋、元、明、清等朝代的变迁，始终保持着文化教育的连续性。1903 年改制为湖南高等学堂，1926 年定名湖南大学，1937 年成为国民政府教育部十余所国立大学之一。1963 年起隶属国家机械工业部，1978 年列为全国重点大学，1998 年调整为教育部直属高校。2000 年，湖南大学与湖南财经学院合并组建成新的湖南大学。湖南大学享有"千年学府，百年名校"之誉，是国家教育部直属的全国重点综合性大学，也是国家"211 工程"、"985 工程"重点建设的大学。

学校设有研究生院和 24 个学院，拥有 24 个博士学位授权一级学科，36 个硕士学位授权一级学科，22 个专业学位授权，建有国家重点学科一级学科 2 个、国家重点学科二级学科 14 个，博士后科研流动站 25 个。学校现有全日制在校学生 35000 余人，其中本科生 20000 余人，研究生 15000 余人；有教职工近 4000 余人，其中专任教师 1800 余人。

（二）学院财务管理现状

湖南大学建立了"统一领导，分级管理，集中核算"的财务管理体制，学校财务部门从资金、技术、业务流程等入手，通过软、硬件系统的优化升级，拓展财务信息处理功能，财务工作的重心已由"核算型"逐渐向"管理型"转变。

从 2013 年开始，学校在学院推行校院两级全面综合预算管理改革，以学院为主体，按照"财权下放、权责对等、自主支配、绩效考核"的原则编制收支全面预算，学校拨款收入年初就按预算下达，学院自筹收入，按照年初预算和进度下达，在学院年度预算总额度范围内，除各项专项经费专款专用外，其余经费安排，学院可结合实际，统筹调剂使用，真正实现收支全口径预算和自主使用，实现由"执行者"向"管理者"的转变，最大程度上激发了学院的办学活力。

2012 年，湖南大学就尝试建立财务秘书制度，制定了《湖南大学财务专干管理办法》。在此基础上，2015 年，学校进一步细化，出台了《湖南大学财务秘书管理实施细则》，构建了"一套制度，两大服务，三项保障"的学院财务工作服务保障体系，即通过在学院设立财务秘书制度，为学院财务管理和科研人员科研财务活动提供贴身服务，学校从人员专业素质和经费上给予支持和保障，达到为学院和科研人员的经济活动"松绑""减负"，虽然学校和各学院在全面预算管理改革、科研经费管理等方面取得了一定成绩，但其在财务分析工作中仍存在一些问题：

（1）重"量"，轻"质"。学院财务分析工作主要停留在收入多少，收入预算完成多少，支出多少，支出经费组成中各部分所占的比重是多少等量上的分析，对影响学校收入变化的内外部影响因素、支出结构是否合理、配置是否科学等质上的财务分析很少，没有很好地发挥财务分析的决策支持功能。

（2）重"内部"，轻"外部"。学院只重视对自身会计报表、预算方案等进行分析，而忽视对同类学院及全校平均值的横向对比分析，忽视对自身不同历史时期的纵向对比分析，不便了解在同类学院中所处的位置，致使财务分析工作难以深入开展。

（3）重"收入"，轻"效益"。学院未重视如何使用资金，也很少对资金使用效益进行考核分析。即使分析也停留在月、季、年报表上的分析，或停留在预算完成程度和预算效果的考核方面。学校也未对财务预算执行情况较好和不好的学院及各职能部门进行严格的奖惩。

（三）加强财务分析工作的必要性

《高等学校财务制度》明确要求，高等学校的财务分析是财务管理工作的重要组成部分，高等学校应当按照主管部门的规定，根据学校财务管理的需要，科学设置财务分析指标，开展财务分析工作。建立成本费用与相关支出的核算机制，以及成本费用分析报告制度，加强经济核算，实施绩效评价，提高资金使用效益。

二级学院是学校赖以生存和发展的基础，开展学院科研财务状况分析，不但可以合理配置资源，规范和提高资源利用效率，还能督促学院加强自身管理，并根据学院自身的财务状况制定适合学院发展的规划和目标，促进学校整体发展。

自2015年1月1日起施行的新预算法，首次以法律的形式明确了我国财政收支中的绩效管理要求，要求绩效管理要贯穿财政预算活动整个过程。湖南大学综合体制改革方案（2015）提出，扩大学院财务预算和管理自主权，建立学院财务绩效评价制度，形成学院自我发展、自我约束的财务运行机制。因此，新形势下，我校开展财务评价和绩效分析，对贯彻落实中央决策部署，规范财务行为，合理配置有限资源，提高资金使用效益，具有重要的意义。

二、学院财务状况分析评价体系的设计

（一）设计目标

合理设计和选取能够反映学院管理过程和财务结果的各种

定量指标、定性指标，以点带面，突出重点，点面结合，形成
科学有效的学院财务状况评价指标体系。通过对学院相关财务
指标进行连续、系统的跟踪和分析，形成较全面的、综合性的
学院财务分析评价报告，帮助学院查找差距，分析原因，不断
提高财务管控水平。

（二）设计理念

学院财务状况评价，是对学院财务管理过程和管理结果的
综合评价，作为学校对学院进行考核的重要抓手，要科学合理
选择和确定财务分析评价指标，抓住学院财务管理的本质特征
和主要因素，并关注学院差异，从学院差异出发反映其办学效
益的多样性和复杂性。

1. 分类指导与效率优先相结合

本指标体系多采用效益等比值型指标，少用总量等规模型
指标，充分考虑各不同规模学院的差异，采用"生均"等指
标，体现分类指导的思想，消除学院规模等差异性影响，使各
学院间的评价结果和排序更科学、公平、合理。

2. 目标导向与日常考评相结合

一方面，指标的选择要重视发挥评价的目标导向功能，突
出绩效评价，使其能引导学院正确的资金使用方向和教研资源
的合理配置；另一方面，评价指标要运用于学院的日常考核，
突出学院实况，便于发现问题，提出有效措施。

3. 定性与定量分析相结合

教学、科研活动与其他物质生产部门的实践活动不同，它所涉及的因素量大而广，且不确定性因素突出。因此，强调在指标体系设计时既要有定量指标又要有定性指标，将两者有机结合起来，构成完整的指标系统。

（三）运用的管理会计工具方法

1. 关键绩效指标法

学院的使命和宗旨决定了其必须立足于人才培养、科学研究和社会服务这三大基本功能。因此，我们选取了人员经费支出、实际生均投入额、科研收入增长率、百元科研投入所得分值及信息公开程度等指标来反映基本功能的实现情况。学院的战略目标要求最大限度地开源节流，因此，我们选取了收支能力、财务发展能力等一级指标。

2. 平衡计分卡

为兼顾长期和短期目标、财务和非财务衡量方法、滞后和先行指标等诸多方面，我们在设计评价指标体系时包括两个层次的指标：第一层次指标包括收支能力、财务绩效、内部财务管理情况及财务发展能力四个维度，既保证从资源占有情况直接体现各学院的财务实力，又能够从多种角度反映各学院的财务绩效；既可以反映各个学院内部管理的能力，又体现了各个学院的可持续发展性。第二层次指标是第一层次指标的具体化，多使用金额、比率、增减率等关键指标进行衡量。

3. 管理会计报告

构建财务分析指标体系，并最终形成各学院的执行情况结果及差异分析报告，评价结果反馈环节是必不可少的，以便各学院进行后续改进。管理会计最新的功能与目标要求，都从之前的单纯以会计核算、定量分析运用等为核心，发展到了以提供有效的决策信息支持为核心。

（四）分析方法

采用纵向比较、横向比较、分类比较、结构比率、因素分析等分析方法。

（五）学院财务状况分析评价体系具体内容

我们从学院收支能力、财务绩效、内部财务管理情况、财务发展能力四个维度进行考量，设置了 30 个评价指标。学院财务状况分析评价体系如表 1 所示。

表1 学院财务状况分析评价体系

一级	二级	说明
收支能力	收入情况	分析学校拨款收入、单位创收收入、科研收入、其他收入占学院收入比重
	收入变动情况	分析学院总收入、学校拨款收入、单位创收收入、科研收入、其他收入比上年增减率
	支出情况	分析学院人员经费支出、公用经费支出占总支出比重
	支出变动情况	分析学院总支出、人员经费支出、公用经费支出比上年增减率

续表

一级	二级	说明
财务绩效	收入预算完成率	分析学院总预算收入、横向科研预算收入、纵向科研预算收入完成率
	支出预算完成率	分析学院总预算支出、人员经费预算支出、公用经费预算支出完成率
	实际收入支出执行率	分析学院实际支出占收入的比重
	实际生均收入额	分析学院实际生均收入及除科研收入外生均收入
	实际生均支出（投入）额	分析学院实际生均支出及除科研收入外生均支出
	百元科研投入所得分值	反映学院每 100 元科研支出所取得的成效。公式：科研分值/科研支出×100
	生均占用房屋面积	反映学院的生均活动空间水平。公式：房屋面积/学生人数
	生均占用实验设备	反映学院的实验设备投入水平。公式：实验设备/学生人数
	财政专项资金执行率	分析中央财政专项拨款支出执行进度。公式：本年支出/（上年结转＋本年预算）×100%
内部财务管理情况	往来借款	反映学院借款的归还情况。公式：年终往来款总额/总经费×100%
	发票借用情况	分析科研项目预借发票的到款率。公式：预借发票到款金额/预借发票总金额×100%
	学费收缴情况	反映学院的学费收缴率
	财务制度建设	反映学院财务管理制度是否完善
	信息公开程度	反映学院是否按照财务信息公开工作有关规定时间、规定内容和规定形式，对财务信息进行公开
	当年审计情况	反映学院是否被内部审计和外部审计检查发现问题
	参加财务培训会议情况	反映学院领导、报账人员是否按时参加学校财务会议和学校财务培训

一级	二级	说明
财务 发展能力	年度结余比率	反映学院除科研外收入结余占总收入比重。公式：（除科研外实际收入－除科研外实际支出）/总收入
	总收入增长率	反映学院收入增长情况
	学校拨款增长率	反映学校对学院的拨款增长情况
	自筹经费增长率	反映学院自筹收入增长情况
	科研收入增长率	反映学院科研收入增长情况
	实验设备更新率	反映学院新增实验设备占上年设备总数比率。公式：2015年新增实验设备/2014年底实验设备

（六）创新点

1. 分析评价主体由学校一元主体向校院二元主体发展

国内现有高校财务分析评价指标体系多针对学校整体设计，教育主管部门进行指导和监管，学校按要求严格化、规范化管理。而我们设计的评价指标体系的对象为学校的各个学院，在学校"统一领导，分级管理，集中核算"的财务管理体制下，学院获得了更大财力，享有充分的财务自主权。在推行校院二元分析评价主体的背景下，一方面，学校对各学院的办学成果进行评价及对比；另一方面，学院拥有管理自主权，逐步形成"自我发展、自我约束"的评价机制，对于推动高校内涵建设具有实践意义。

2. 分析评价内容由二维评价向多维评价发展

现有的高校学院财务分析评价指标体系，往往只考察学院绩效管理中的教学、科研水平，而对学院内部管理情况、战略愿景的实现以及发展潜力等没有涉及。同时，学院财务分析往往只关注各学院的当前水平，而不能针对存在的问题提出具体的改进方案，分析评价失去激励、促进功能，不能起到"以评促改、以评促建"的作用。因此，结合本校实际，我们从收支能力、财务绩效、内部财务管理情况和财务发展能力四个维度，采用财务指标、非财务指标，构建了比较完整的学院财务状况分析评价体系。

3. 分析评价标准由单一评价向分类评价发展

遵循分类评价的思想，我们在分析过程中，根据学院性质首次将学院分为四大类：理科类、工科类、经管类和人文类，并采用纵向对比、横向对比的分析方法，既可以实现学院自身在同一指标下，不同历史时期的纵向对比，又可以实现同一时期或同一指标下，学院与所属同类学院和全校平均值的横向对比，指标可比性增强有利于同类学院之间的信息交流，为确保学院全面、客观、公正的考核创造了基本条件。

三、应用过程

（一）学院财务状况评价体系实施过程

1. 成立学院财务状况分析评价工作小组

计划财务处成立了以计划财务处处长为负责人的学院财务状况分析评价工作小组，负责拟写学院财务分析报表模板，提供各学院 2013 ~ 2014 年横向对比数据、学院间纵向对比数据，根据各学院财务数据及实际情况撰写学院财务分析报告，最后汇总各学院财务分析报告并撰写总体财务分析报告。

2. 确定学院财务状况分析评价报告的结构

工作小组经过广泛调研，征求各方的意见，确定学院财务状况分析评价报告的结构为从学院收支能力、财务绩效、内部财务管理情况、财务发展能力四个维度对学院财务状况进行分析。确定报告主要采取与学院上年数据比较，与理科、工科、经管、人文学院比较，与预算比较等比较分析法，结构比率分析法，因素分析法等方法。

3. 确定学院财务状况分析评价指标体系

工作小组经过反复讨论和修改，确定了四个维度下指标体系的设计，并确定了具体指标的考核方式与计算方法。学院财务状况分析评价体系（见表1）。

在收支能力维度中设置的收入情况、收入结构、收入变动情况、支出情况、支出结构、支出变动情况等6个指标，主要考核学院财务收支能力、收支的合法合规性、收支结构的合理性和收支变动的合理性等。收入能力维度占考核比重为20%。

在财务绩效维度设置了财政专项执行率、收支预算完成情况、实际收入支出执行率、实际生均收入额、实际生均支出（投入）额、百元科研投入所得值、生均占用房屋面积、生均占用实验设备等8个指标。其中财政专项资金执行率考核中央财政专项拨款支出执行进度；收支预算完成率考核学院预算执行情况；实际收入支出执行率考核学院收支的合理性，反映学院财务管理的能力；实际生均收入额、实际生均支出（投入）额、百元科研投入所得分值、生均占用房屋面积、生均占用实验设备5个指标考核学院的教学绩效或科研绩效，体现了学生的培养成本和培养资源的占有情况。财务绩效维度占考核比重为35%。

在内部财务管理维度方面，选取了往来款、发票借用、学费收缴3个定量的财务指标，财务制度建设、财务信息公开、参加财务培训、接受审计情况四个定性的财务指标进行分析。内部财务管理情况维度占考核比重为20%。

在财务发展能力维度设置了年度结余比率、收入增长率（包括总收入增长率、学校拨款增长率、自筹经费增长率、科研收入增长率）、实验设备更新率等指标。其中年度结余比率是学院除科研收入外的结余情况，考核学院对本年度结余资金的实际控制程度，反映了学院可持续发展能力；收入增长率考核学院各类收入的增长情况，反映了学院教育事业的发展趋势，指标值越大越好；实验设备更新率考核学院新增实验设备情况，更新率越高，表明学院实验设备的利用越充分，教学、科研越重视新技术的运用。财务发展能力维度占考核比重为25%。

4. 确定学院财务分析报告模板

财务分析报告是学院财务分析工作成果的重要表现形式。工作小组根据学院财务状况分析评价报告的结构及指标体系撰写学院财务分析报告模板，确定的报告模板包括三个部分：学院基本情况、财务状况分析、财务评价与建议，其中学院基本情况介绍内容为学院概况、人才队伍建设及科学研究；财务状况分析内容为学院收支能力、财务绩效、内部财务管理情况及财务发展能力；财务评价与建议主要从收入、支出、财务绩效、财务管理、财务发展能力五个方面进行总结并根据学院实际情况提出建议。

5. 撰写各学院财务分析报告

工作小组对财务数据进行加工，计算出财务分析报告所需的全部指标数据。按每成员负责两个学院的财务分析报告进行分工，由成员自行安排时间与负责的学院财务院长、财务秘书进行座谈，根据该学院财务数据与上年度的纵向比较以及与各学院平均水平、同类学院平均水平的横向对比，逐条分析做出评价并总结原因。最后由小组成员根据学院财务状况分析指标数据，结合座谈情况撰写学院财务分析评价报告。

6. 撰写年度学院财务状况分析评价总报告

年度学院财务状况分析评价总报告分为学院收支情况、财务绩效、内部财务管理情况、财务发展能力、分析与评价五个部分，介绍学院总体财务状况情况、各学院财务状况平均情况，并对学院间财务状况情况进行比较分析。

（二）通过 2015 年财务状况分析发现的问题及采取的改进措施

1. 收入方面

通过分析发现，各学院之间发展并不平衡，部分学院总收入比上年减少；承担基础学科教学任务的学院收入主要依赖学校拨款；受宏观经济环境及在职硕士规模减小等原因，部分学院创收收入比上年减少；因科研课题减少等原因影响部分学院科研收入减少。

针对此情况，学校与收入情况较差的几个学院进行了座谈，了解学院创收工作遇到的困难，并提出了专业建议。同时，创收问题得到了各学院对高度重视，积极开辟新的创收渠道，其中 A 学院尝试以团队为单位申请大型科研课题，在 2016 年取得了显著效果：学院科研立项数大幅提升，科研收入增长近 1 倍。

2. 支出方面

学校推进人才强校战略，在人员经费方面加大了支出力度；随着学校事业发展，各学院公用经费支出有所增加。

学校敦促各学院进一步严格执行中央八项规定和厉行节约反对浪费的有关规定，继续坚持行政性公用经费零增长原则，厉行节约，加强对公用经费支出的管理。

3. 财务绩效方面

各学院平均收入预算完成率106.5%，平均支出预算完成率109.56%，支出控制能力需进一步加强。学院平均百元科研所得分值为0.24，科研能力有待进一步提高。各学院中央财政专项资金执行进度不理想，需采取有力措施加快中央专项资金的执行。

对于中央财政专项资金执行进度较低的问题，学校高度重视，在 2016 年多次召开专题座谈会，集中协调解决专项执行中存在的问题；按月通报中央专项资金序时执行进度，对预算执行缓慢的专项项目，学校对项目负责人和承担单位采取约谈等措施，提高了专项资金的执行率。

4. 财务管理方面

2015 年末各学院 3 年以上的往来款金额较大，相关学院应加强往来款的清理，防范财务风险。各学院年末累计未到账预借发票总金额比上年减少了35%。2015年有3个学院未实现学费收缴率的考核目标。

相关学院在2016年严把借款审批关，杜绝无具体事务借款，同时加大了借款催还力度，未还清借款笔数和金额都有大幅下降；学院高度重视学费收缴情况，将学费收缴责任落实到人，全面掌握学生缴费情况，积极督促学生按时缴清学费，2016年全部学院实现了年度缴费目标。

5. 财务发展能力方面

学校的各项收入都稳步增长，这加强了学校的资金储备，有利于学校的可持续发展。

四、取得的成效

财务状况分析评价体系不仅有助于改进预算执行情况、挖掘收入潜力，更是在优化资金配置、降低财务风险、提高财务管理水平等方面有显著效果，具体如下。

（一）改进预算执行情况

预算管理是高校财务管理的重要组成部分，而预算的科学编制需要大量的财务数据分析作为支撑，财务分析报告从专业的角度为学院解决了这一难题。通过分析上期的预算执行情况，各学院在编制本期预算时可提高预见性，克服盲目性，进而改进预算执行情况。

（二）挖掘收入潜力

依法多渠道地筹措资金是高校财务管理工作的主要任务之一，也是高校财务分析的主要内容。通过对各渠道来源的资金分析，能挖掘学校内部潜力，进而促进改善学校办学条件、教学科研条件及人员待遇。

（三）优化资金配置

学校的资金支出结构决定其运行绩效。根据财务分析的结果，学院结合学校的发展目标、年度工作重点，合理安排资金支出，可实现资金的科学调配，这对学校资金运行效率的提高有积极作用。

（四）降低财务风险

根据学院的往来借款、预借发票和参加财务培训会议等情况分析，学院可自主规范其财务行为。将财务责任明确到各个学院，有利于学校维持财务稳健，降低财务风险，并促进建立健全的学校内部控制制度。

（五）为管理者提供决策依据

没有财务管理知识背景的学院财务负责人，可根据财务分析评价报告，准确把握学院财务状况和发展趋势，从而有针对性地改善财务工作，引导财务管理工作良性发展，进而加大学院财务自主权。

（六）提高学校整体财务管理水平

不同性质的学院在财务管理方式上会存在差异，学院通过对比全校平均值与同类学院的情况，能总结自身的管理经验与不足。学校将财务分析报告公开到学院层次，有助于加强学院间财务工作经验的交流，提高学校整体的财务管理水平。

五、经 验 总 结

（一）主要节点

1. 财务系统的信息化建设

自 2000 年起，我校账务系统实行电算化，此后进行了多次系统升级。财务分析所需的原始财务数据基本可从账务系统中获取，如收入数（总收入、拨款收入、创收收入、科研收入和其他收入）、支出数（总支出、人员经费和公用经费）、往来款总额等。财务系统的信息化建设不仅保障了财务分析数据的准确性，更简化了收集数据的工作，提高了分析工作的效率。

2. 各学院财务负责人、财务秘书的重视与支持

尽管学校的财务分析工作主要由计划财务处承担，但在分

析的过程中，需要各个学院提供大量非财务数据以及影响财务数据的实际情况。2014 年，学院财务秘书甚至财务院长参与了财务分析报告的修改工作；在撰写 2015 年财务分析报告时，财务分析工作小组为了财务分析报告的完整性，分别前往 24 个学院与学院财务工作人员进行座谈。只有各学院财务负责人、财务秘书充分认识财务分析工作对财务管理的重要性，财务分析工作才能顺利完成。

（二）存在的问题

1. 未确定评价指标的参考范围

财务分析报告尽管包含了每个学院每个评价指标的分析与比较，但未确定评价指标的合理范围。有的学院以全校平均数作为参考，有的学院以同类学院平均数作为参考，然而，不论是全校平均数还是同类学院平均数，都未必是一个合理的标准。

因此，学校财务部门可根据多年的财务管理经验，广泛征求各个学院的意见，必要时可参考兄弟高校的情况与专家的建议，或者请求教育部、财政部等上级机关制定各项指标的标准值。在此基础上甚至可以建立一个"量化"的财务状况分析评价体系，计算评价分值，进一步形成学院的综合评价结果。

2. 评价的时效性有待提高

我校的财务分析一般每年进行一次，因为涉及的数据较多，数据的收集和处理由工作小组完成，占用了分析的大部分时间，所以分析报告一般在 9 月出具。而此时学院的财务工作已进行大半，财务分析报告中的信息很难被充分利用。

　　为了提高财务分析的准确性与时效性，学校可充分利用计算机技术，开发财务分析软件，并与财务系统对接，实现财务分析的电算化。如此一来，学院可及时根据财务分析报告制定当年的工作计划，使财务分析报告的作用发挥到最大。

高校财务管理信息系统建设

吉林大学财务处

姜　南　陈　俊　狄成宇

【摘要】吉林大学针对学校规模大、校区多且较为分散、经济活动形式多样复杂、多种财务管理模式并行等独有的特点，结合学校管理实际，梳理整合管理需求和业务流程，采用定制和自主开发相结合的建设模式，实现了财务管理的信息化，并持续进行改进完善，大大提高了财务管理水平和工作效率，为学校的发展决策提供了有效的支撑，使学校财务管理工作更加规范和高效，实现了对资金支出的事前控制、事中管理和事后分析，强化了内部控制，降低了财务管理人员的工作强度，为师生提供了更加方便快捷的财务服务。

一、背景描述

（一）学校基本情况

吉林大学是教育部直属的全国重点综合性大学，坐落在吉林省长春市。学校始建于 1946 年，1960 年被列为国家重点大学，1984 年成为首批建立研究生院的 22 所大学之一，1995 年首批通过国家教委"211 工程"审批，2001 年被列入"985 工程"国家重点建设的大学，2004 年被批准为中央直接管理的学校。2000 年，原吉林大学、吉林工业大学、白求恩医科大学、长春科技大学、长春邮电学院合并组建新吉林大学。2004 年，原中国人民解放军军需大学转隶并入。

学校学科门类齐全，下设 44 个学院，涵盖全部 13 大学科门类，有本科专业 126 个，硕士学位授权点 291 个，博士学位授权点 244 个，博士后科研流动站 42 个；有国家重点实验室 5 个，国家工程实验室 1 个。学校师资力量雄厚，有教师 6624 人，其中教授 2014 人，博士生导师 1213 人。在校全日制学生 70157 人，其中博士生、硕士生 25084 人，本专科生 43601 人，留学生 1472 人，另有成人教育学生 170947 人。学校现有 6 个校区 7 个校园，校园占地面积 759 万多平方米，校舍建筑面积 274 万平方米。学校聚焦名校合作，逐步完善全球网络布局，目前已经与 39 个国家和地区的 270 所高校和科研机构建立了合作关系，与 11 个国家的高校和科研机构合作共建了 32 个中外合作平台。

学校以"学术立校、人才强校、创新兴校、开放活校、文化荣校"为发展战略。奋斗目标是：到 2020 年建成国内一流、国际知名的高水平研究型大学；到建校 100 周年时，把吉林大学基本建成世界一流大学。

（二）学校财务管理基本情况及存在问题

学校实行"统一领导、分级管理"的财务管理体制，财务工作实行校长负责制，总会计师协助校长全面领导学校的财务工作。为加强财务管理，学校成立由校长任组长的财经工作领导小组，负责研究审议学校重大经济问题；成立由总会计师任组长的收费工作领导小组，负责收费项目的立项审批和管理。财务处是学校实施财务管理的职能部门，是学校唯一的一级财务机构。为适应国家对高校经费监管工作的新要求，学校于2012年论证成立了经费监管办公室，挂靠财务处，辅助财务部门专门开展经费监管的各项业务，突出经费监管工作在经费预算的前期论证、评估评审及实施绩效评价、财务数据分析等方面的功能，强化财务管理的决策支撑作用和经费使用效果的预判能力。

财务管理信息系统建设前存在的问题：

1. 学校规模大，财务管理模式复杂

为适应多校区办学的实际，学校成立了北区、东区、西区和医学部四个校区财务办公室，为校区师生提供便捷的会计核算服务。由于各校区之间学科差异大，以及学校在治理结构上的特殊要求，校区之间的财务管理模式也不完全一致，如医学部就采取相对独立的财务管理模式。同时，学校还设立了一批二级财务机构，实施独立核算，财务管理模式存在较大差异，构成较为复杂。

2. 经济活动总量大，资金来源渠道多样化

我校经济活动总量巨大，2016年，学校全口径收入已超过57亿元，全口径支出超过56亿元。年末学校资产总额达到155亿元，其中固定资产达到91亿元；净资产总额达到136亿元。不仅资金总量大，对应的资金来源渠道也多种多样，类型也较为复杂，要适用不同的管理办法。特别是对科研经费的管

理，涉及不同的资金来源，分别要遵循各自的管理办法，管理难度较大。

3. 系统管理功能薄弱，不能适应财务管理新要求

近年来，国家对高校财务管理的要求也发生了较大变化，对各类经费的管理要求更加精细，对资金使用绩效的考核越来越重视，同时对资金使用的合理合规合法性要求也越来越严格，学校管好用好各类经费的要求更加迫切和突出，原有的财务信息系统侧重于会计的记账等日常业务，在管理、监督功能方面有待提升。

4. 系统建设周期长，信息孤岛现象丛生

我校财务信息化系统建设始于 2000 年，根据业务需求的变化，各类软件逐步投入使用。由于建设周期较长，设计理念不尽相同，信息共享与业务协同机制欠缺，导致各系统间信息无法共享或交互不畅，信息孤岛现象丛生。

5. 数据分析能力不足，为决策提供支撑能力差

学校各信息系统运转的过程中，采集了大量的基础数据，如职工工资、学生缴费、会计核算、科研项目等，但因不能对这些数据进行有效的统计、分析和运用，未能为学校发展决策、绩效管理提供有力支持。

面对上述问题，如何通过信息化建设，全面提高财务管理水平，为学校实现内涵式发展提供支撑保障，成为财务管理工作中一项越来越重要的任务。

二、财务管理信息系统建设方案

为建立起一套适应我校特点、充分满足管理实际需要、切实有效易于操作的财务管理信息系统，学校财务部门成立了负责财务信息化建设的科室，专门负责开展财务管理信息化建设的各项具体工作，在机构和人员上提供了技术支撑保障。

（一）系统建设的目标

财务系统建设目标是：服务于学校"双一流建设"发展目标，立足于我校财务信息化建设实际，在原有相对成熟的财务信息系统的基础上，坚持问题导向和管理需求导向，结合新的管理会计理念，着力改革创新；强化信息化顶层设计，构建科学规范、设计合理、导向清晰的财务综合信息化体系；完善财务信息系统与其他部门信息系统对接，实现业财融合和数据的共享，为学校的发展规划、内部控制、预算管理和绩效评价提供有力的数据依据和信息化支撑。

（二）系统建设的原则

系统建设遵循以管理需求为导向，整体规划，协同建设，分步实施的设计理念，基本建设原则如下：

1. 需求导向原则

立足于我校财经管理的需求实际，以有利于实现学校财经事业发展目标、有利于满足师生财务管理需要、有利于提高财务工作效率等为原则，建设具有远瞻性的财务信息化平台，对财务各类业务实现进一步管理和控制。

2. 协同共建原则

在对学校现有财务业务及信息系统充分梳理的前提下，通过充分调研沟通，组织财务、资产、审计、招标采购等有关部门对财务信息化项目进行整体规划和协同建设。及时听取教学单位、管理部门、科研机构等部门的反馈意见，及时总结业务流程并不断改进需求，以建设能满足多方管理和服务需求的财务管理信息系统，全面提升财务预算、决算、科研、收费等方面的信息化应用水平。

（三）系统建设的框架设计

在明确财务管理信息系统目标和任务，初步实现与校内相关单位信息系统互联互通的基础上，对现有系统进行整合和改造，按业务种类及相互关系对模块进行分类，逐步推进，最终建成功能强大、针对性强的财务管理信息系统。总体框架如图1所示。

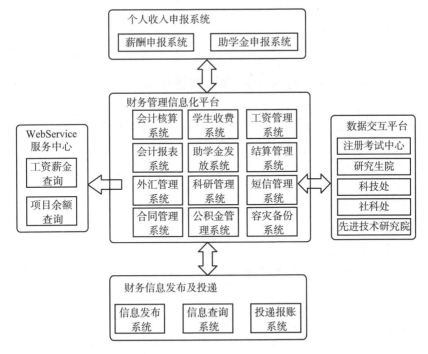

图1 财务管理信息系统功能模块

（四）管理会计工具方法应用

在系统建设的过程中，依据管理会计信息系统建设的系统集成原则、数据共享原则、灵活扩展原则和安全可靠原则，不断对方案进行优化：通过系统对接实现财务管理信息系统与其他业务部门信息系统间的无缝对接，实现数据一次采集，全程共享；通过预留系统接口或新增功能模块的方式，对国家、学校管理要求的变化做出及时的响应，满足学校发展的需要；充分考虑系统设备、网络、应用及数据的安全，做到权责明晰、管理规范，在保证系统运行稳定、高效的同时，确保系统具有抵御外部攻击的能力。

（五）系统建设的特色

1. 独立与集中相统一的会计核算模型

按照学校实施医学教育改革的要求，医学部作为实行财务相对独立的管理部门，遵循既保证财务数据的实时、统一，又保证医学部具有独立财务体系和管理权限的原则，设计财务管理系统模型，即医学部账套虽包含在学校总账套中，并能够单独成账，出具相关的会计报表。

2. 安全、适用的风险控制

在进行财务管理信息化的建设中，重视内部控制，将制度规范和内部控制的相关要求通过程序和流程进行了固化，在风险防范上起到了积极的作用。例如，为防范合同签订和执行过程中的一系列风险点，规范合同管理，系统对合同执行全过程进行跟踪和控制，有效降低资金使用风险；在会计核算模块中，设置了同一人多次借款未还款提醒、同一项目负责人多次向同一单位转账提示等。

3. 高效、便捷的预算管理模块

为满足我校预算管理需要，除了执行较常见的"预算分项控制"方式外，增加了"单独预算管理"方式，使预算管理能做到"一事一议"，用途明晰、高效管理。

4. 全面、多维度的报表系统

为提高财政资金的管理水平，能够从多角度了解学校资金使用情况，系统设计了近百张报表，使用户可方便、快捷地获取相关数据。

三、财务管理信息系统建设的实施

依据财务管理信息平台的建设目标和原则，针对系统建设中可能遇到的困难，如多部门沟通协调难度大、资金投入不足、制度保障不到位等问题，系统建设采取自下而上、从易到难、循序渐进的实施办法，具体实施分为以下几个步骤：

（一）成立领导小组，统筹做好前期准备

在系统建设前，成立财务管理信息系统建设领导小组及工作小组，明确由财务网络信息管理科负责相关建设工作，根据需求分析及建设目标和原则，组织开展调研和可行性论证，形成建设方案。管理信息系统的建设不仅仅是一个单纯的技术性工作，还涉及业务流程的重组及再造、各业务部门的重新分工、硬件支撑环境的建设、软件资金的投入、相关管理制度的制定和落实，这些都需要有统一的领导和部署推进。

（二）结合工作实际，做好软件需求分析

需求分析是整个财务信息化管理系统设计及实施过程的第一步也是关键一步，系统建成后的功能和使用效果，与需求的确定和分析密切相关。通过准确、详尽的需求分析把管理要求

和业务流程进行全面的梳理、归纳，确保系统建设目标及功能真正反映管理要求。我校通过在单位内部各科室进行意见征集及兄弟院校间广泛调研的方式，制定了财务管理信息系统的初步方案。在此基础上，组织计算机专业系统分析人员和财务会计专业资深人员组成小组，重点分析方案中可能存在的问题和隐患，并结合我校办学规模、管理模式等实际情况，对方案的可行性进行深层次的分析和论证，进一步明确信息化建设工作的目标、任务和发展方向，最终形成针对性强、切实可行的系统需求方案。

（三）注重硬件支撑，为系统高效运行提供保障

硬件支撑环境对财务管理信息系统能够安全、稳定、高效地运转起到至关重要的作用，作为信息系统运行的核心场所，其建设工作具有复杂性高、专业性强、资金投入大等特点。我校本着理念先进、部署规范、安全高效、勤俭节约、绿色环保、实时监控、全面管理的设计理念，先后投入 400 余万元用于系统硬件支撑环境建设，建成了国内较为先进的财务数据中心机房。

1. 系统网络架构

财务管理信息平台的建设秉承安全、谨慎的原则，严格保证财务内网与外网相分离。通过使用防火墙、入侵防御、网闸等安全设备，提高网络信息安全等级，大大提高了抵御外部攻击能力。根据我校校区较多，校区分散等实际情况，采用专用设备通过校园网搭建了财务专用 VPN 网络。VPN 不是真正的

专用网络，却能够实现专用网络功能，通过采用隧道技术、认证技术、密钥管理技术等实现与专用网络相类似的安全性，从而实现对重要信息的安全传输（见图2）。

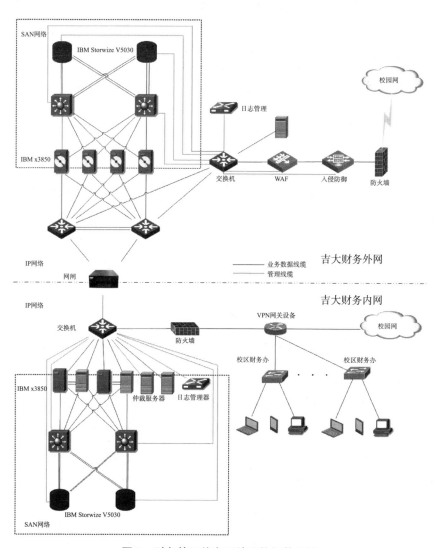

图2 财务管理信息系统网络拓扑结构

2. 数据安全保障措施

为提高机房容灾能力，通过"存储双活""异地备份"等手段实现财务数据的冗余存储；通过"双机热备""服务器虚拟化"技术为用户提供不间断服务；通过实现"二地二中心，服务双活"的管理模式，进一步提高财务信息系统的容灾能力，确保财务数据的安全、准确。

（四）组建研发团队，初步完成系统建设

建设方案确定后，财务工作人员与软件公司人员组成研发建设团队，双方通过沟通、分析、讨论，将确定的需求通过技术手段转换为高效可行、针对性强的财务信息管理系统，同时依靠自身技术力量，及时进行功能扩展和需求满足。

1. 财务管理信息化平台建设

（1）会计核算模块。

以核算功能为核心，覆盖会计核算、国库支付、预算控制、出纳管理、银行对账等常见业务，确定了会计核算系统模块。在该模块的设计中，着重固化了严格的权限管理及流程审核制度，防范财务风险；按照新会计制度的要求，在全国高校中率先实现了财务账月末结转及报表生成。

（2）预算管理模块。

根据国家及学校的管理需要，在建立健全预算管理制度、会计核算制度、内部控制制度等内部管理制度的基础上，不断夯实预算管理的制度建设，并将相关制度落实到预算管理模块

的预算编制、预算执行、预算考核的各个环节，保证预算的下拨及调整等相关管理工作的顺利开展，提高预算管理工作效率与水平。

（3）学生收费管理模块。

学费收入是学校收入的重要组成部分，该系统通过实现对学生收费的全过程管理，为收费、查询、催款等业务提供了全面的解决方案；通过多样的查询方式和丰富的统计报表，及时掌握学费收缴情况；通过简便的批处理模块，如新生批量导入、班级码批量更改等，提高了学费收缴工作的效率。

（4）工资管理模块。

根据我校教职工人数众多、人员类型多、发放项目种类多等特点，工资管理系统设置了多种人员及发放管理方案，并根据模型自动计算个人所得税；为了方便工资薪金进行统计，系统设定了大量、丰富的汇总、统计和组合查询功能。

（5）奖助学金发放模块。

通过该模块实现对本科生、研究生、留学生发放各类奖学金、助学金，并按照资金来源及用途的不同进行分类存档，方便日后的数据分析和统计；通过与学生收费系统的互联互通，实现了人员信息的同步和验证，大大降低了财务风险；通过对毕业生人员信息数据的拉回功能，解决了学生毕业离校后奖助学金发放难的问题。

（6）会计报表模块。

为了增加系统的可用性、易用性、通用性，系统的建设依托微软 Office 中的 Excel 进行开发的定制，保证了工作人员通过简单的学习，即可定义自己的表格，并获得所需数据。为了能够从多角度了解学校的财经状况和资金使用情况，系统还定义了近百张的表格，使用户可方便、快捷地获取相关数据，有效地提高了财务人员填报财基表、财决表及其他校内报表的效率。

（7）结算管理模块。

在满足校内二级单位日常核算业务的基础上，辅助以资金控制、利息管理等功能，实现财务"结算中心"校内银行的功能。

（8）外汇管理模块。

考虑外汇业务具有以外币表示的资产的特性，因此与日常核算有较大的区别，我校专门设立了外汇管理系统，对外币业务进行单独核算。

（9）科研管理模块。

针对学校科研项目众多，资金来源及管理办法都不尽相同的特点，同时考虑既满足管理人员对项目实施高效管理需要，又能快捷、准确地为学校管理提供多角度的财务数据，以便进行宏观的管理和决策，科研管理系统依据科研项目管理的规律设计了科研立项、预算管理、管理费提取、指标拨付等功能，覆盖了科研业务管理的全过程。为了方便项目组负责人对所有子项目的科研经费使用情况进行查询，该系统专门设计了"大项目归集"功能。

（10）合同管理模块。

为防范合同签订和执行过程中的一系列风险点，规范合同管理，系统流程从合同签订开始，对合同的履行直至结束进行全过程跟踪，并将合同内容、合同金额、签订日期、付款记录等重要信息在系统中进行登记作为跟踪标记，同时将部分重要信息传递到财务核算系统，有效降低资金风险。

（11）公积金管理模块。

该系统满足了对教职工的住房公积金管理中个人公积金计算、用户变更、汇缴、补缴等业务需要。

（12）短信管理模块。

通过与财务核算系统的信息交互，使师生更加方便、快捷地获取财务信息，实现了财务部门与师生的"点对点"通信。

（13）容灾备份模块。

通过容灾备份系统，为财务核心数据的安全提供了多重保障，保证在灾害突然发生后，可在最短时间内恢复数据和服务，实现相关业务顺利开展。该系统可根据需要在一天内对部分核心数据进行多次备份，并上传至数据备份服务器。为降低数据泄露的风险，备份数据采用动态加密的方式进行存储。为了进一步提高财务信息管理系统的安全等级，我校实施了财务数据的异地备份，通过在大数据与网络管理中心异地布置一台数据备份服务器，实现了备份服务器的冗余。

2. 个人收入申报系统

（1）薪酬申报模块。

通过该系统解决了学校日益增长的工资薪金、劳务报酬及稿酬的申报与发放压力，实现了对教职工、校外人员收入的系统化管理，符合国家提出的"全员申报"要求。教职工在网上可方便地通过系统完成校外人员信息录入和酬金申报等相关工作。

（2）助学金申报模块。

助学金申报系统针对各类学生三助活动的酬金发放，满足教师使用自有项目经费为参与科研项目的在校硕士生、博士生、留学生发放助研经费。

3. 财务信息发布及投递

（1）信息发布模块。

该系统是为了帮助教职工及学生更好地了解国家相关法律法规、核算报销相关要求、系统使用方法及财务最新动态。"报账指南"模块详细列出了投递报账系统的使用说明，并针对核算报销业务及相关要求进行了全面而细致的讲解。"工作流程"模块对财务处各科室的业务流程进行了详细的介绍，方便教职工查询各项业务的负责科室及相关流程。

（2）信息查询模块。

教职工及学生通过该系统查询其关心的财务数据，针对每个人在系统中所定义的权限不同，确定了能够查询的相关内容，如学生只能够查询个人学费缴纳情况和来款情况，教职工可查询工资、公积金、个人项目经费等更多的财务信息。考虑管理需要，对相关部门管理人员和岗位进行了授权控制，按照授权可以查询职责范围确定的财务数据内容。如科研管理岗位针对所有科研项目的查询权限、工资管理人员对所有人工资发放的权限等。

（3）投递报账模块。

为解决师生报账难的问题、提升工作效率，学校自主开发了的投递报账系统。师生通过网络网上填写报销内容并打印投递单，将投递单和报销的发票及相关材料送到财务处指定窗口后即可离开，无须排队，方便快捷，有效解决了师生报账难问题。按照核算内容和服务过程的不同，投递报账系统分为一般报销业务、差旅费报销、借款业务和酬金报销业务四类，将日常核算报销业务进一步细化，进一步简化过程。财务核算系统根据投递单自动生成相应凭证，提高了财务人员的工作效率、降低了工作强度，配合投递代发模块使用，实现了无现金报账。票据审核过程中的沟通则通过短息平台实现报账信息的"点对点"通信，保证信息传递的效率及准确度。

4. WebService 服务中心

系统选择 WebService 跨编程语言和跨操作系统平台的远程调用技术，实现跨平台提供或获取服务，提升系统的兼容性、降低系统开发难度，同时积极结合学校数字化校园建设，提高校内信息资源的共享范围，为数字吉大平台、招标与采购管理中心等部门提供数据服务。

5. 数据交互平台

为推进高校信息化建设工作，实现各部门间的数据共享和交互，财务处通过校园网与科研管理部门、学生管理部门等建立安全网络通道，实现了财务信息系统与其他职能部门系统间的数据共享与交互，在一定程度上打破了信息壁垒，在提升财务数据质量的同时，使财务信息从封闭走向开放，从静态走向动态。

（五）提升运用技能，满足管理需要

系统建设完成并验收后，通过各种形式积极地向财务管理人员进行信息系统的介绍和讲解，使相关人员了解系统的各项功能，尽快熟悉相关操作，通过信息化手段提高数据使用效率，不断满足管理需求。同时，需注意既具备财务业务知识又懂得计算机技能的复合型人才的培养，打造一支高素质的财务管理队伍。

（六）创新管理及服务理念，不断拓展优化

管理会计工具方法是实现管理目标的具体手段，但一方面是国家、主管部门不断推进财经管理改革，提出的管理新要求要不断适应和满足，另一方面是学校正在推进综合管理改革，治理结构优化，内部业务流程再造等工作，需要随着发展的需要不断完善和创新工具方法，因此财务管理的信息化建设没有终点，是需要不断地将新的管理会计工具方法与信息系统建设相融合的系统性工程，以满足提升管理能力和服务能力的需要。

（七）财务管理信息化平台的制度保障

财务管理信息系统在模块设计及业务流程设计的过程中尽可能地将更多风险防范机制融入其中，但现实工作中必然存在系统设计人员未考虑到的风险点，因此为了实现财务信息化管理的目标，学校为此建立了一套规范的管理制度，如《财务网络信息管理办法》《吉林大学差旅费管理办法》《吉林大学加强来华留学生收费及注册管理暂行规定》等，用制度约束工作人员的操作过程，完善内部监控。

四、财务管理信息建设取得的成效

在财务管理的信息化建设工作中，我校投入了大量精力，通过结合管理会计工具方法，引入先进的预算管理、绩效管理理念，不断地对原有系统改进和完善，初步形成了功能丰富、操作简便、针对性强的财务管理信息系统，并在实际应用中取得了良好的效果。

1. 注重自主研发与购买软件服务并行，保证了较高的财务信息化程度和系统可操作性

目前，学校的财务信息系统覆盖率较高，主要包括会计核算模块、预算管理模块、工资及劳务酬金发放管理模块等，通过信息化建设，有效提升了财务整体服务能力与管理水平。同时，通过在日常工作中进行总结、反思，针对不足，升级、优化财务信息化管理系统，增强各系统间的通信与协调，不断提高信息化质量。由于注重在购置软件的基础上实施自主二次开发，保证了系统对财务工作各个环节的覆盖，同时也保证了与具体工作过程结合紧密，真正满足日常工作需求，并具有良好的可操作性。如针对我校学校规模大、校区多的特点，我们遵循既要保证核算口径标准的统一、规范，又要保证各校区具有独立财务体系和管理权限的总体要求，设计了学校独有的财务核算模型，很好地解决了实际工作中面临的管理问题。

2. 应用管理工具方法为学校发展决策、绩效管理提供有力支持

为了解决以往支撑数据不足、预算执行率低等问题，通过信息化建设，将管理会计工具方法融入财务管理信息系统中，提升财务管理水平。如通过信息系统建设，能够快捷、高效地为学校决策提供支撑，解决了以往支撑数据不足的问题；通过使用预算管理系统，监督预算执行进度，及时发现和纠正预算执行的偏差，提高了资金的安全性和规范性；通过对执行绩效进行考核，保证了年初预算目标的如期实现，提高了预算管理水平和资金使用效率，使学校在竞争性专项的安排上，更有统筹性和指向性。

3. 注重与学校信息管理平台的对接、共享，积极打破信息壁垒

通过校园网与科研管理、学生管理等相关部门建立起安全网络通道，实现了财务信息系统与其他职能部门系统间的数据共享与交互，在一定程度上打破了信息壁垒，减少了信息孤岛现象，在提升财务数据质量的同时，使财务信息从封闭走向开放，从静态走向动态。通过财务内部系统间及财务与其他职能部门系统间的数据共享与交互，实现了"一次录入、数据共享"，不仅保证了数据的一致性、及时性与准确性，还节约了人力成本，使工作的效率得到了明显的提高。

4. 注重内部控制的信息化，不断完善风险防范机制

通过财务管理信息化的建设，进一步加强了内部控制、避免持有现金的风险；进一步加强和规范了会计基础工作、为财务规范化和科学化管理提供了条件。另外，管理信息系统的应用，将制度、规范和内部控制的相关要求通过程序和流程进行了固化，财务管理工作更加规范，在风险防范上起到了不可替代的作用，为学校反腐倡廉工作的推进奠定了坚实的基础。

5. 注重管理与服务并行，努力提高师生满意度

财务管理信息系统的建设在提升学校财经管理水平的同时，也为师生提供更加优良和便捷的服务，如从根本上解决了以往报账排队等候的现象，为师生提供了更加方便和灵活的财务相关信息查询途径和方法，得到了师生的好评。

五、高校财务管理信息系统建设应注意事项

（一）转变观念，高度重视财务管理的信息化建设

财务管理信息系统不仅是简单地将管理会计工具方法融入信息系统中，它涉及业务流程的重组及再造、各业务部门的重新分工等工作，不是一个或几个部门能够独立完成的，需要在领导的统筹安排下全员参与，并对建设资金予以保障，以确保信息化建设工作的顺利开展。

（二）与时俱进，不断推进财务管理信息化建设

在完成财务管理信息系统建设后不能故步自封，只有在实践中不断地改进完善，才能保证学校的财务管理能力和水平稳

步提升，满足国家、学校日益增长的管理需要。要将管理信息系统建设工作常态化、制度化，为财务管理信息化建设提供强有力保证。

（三）细化采集，充分发挥财务管理信息系统的作用

财务管理信息系统能够从多个维度对采集到的数据进行挖掘、分析，从而得到学校管理活动的相关信息。但在不断优化数据挖掘算法、完善分析工具的同时，应注重细化基础业务数据的采集工作，如可通过系统采集差旅费报销业务中出差人的往返时间、交通方式等信息，为分析、决策提供更加准确、细致的基础数据。

（四）注重宣传，有效推进管理信息系统的使用

系统使用人员对管理信息系统的接受和认可程度是体现系统价值的决定因素。只有让使用人员了解系统的用途，熟练掌握系统的操作方法，才能充分发挥软件的效果，同时还要调动大家的积极性，集思广益，不断完善财务管理信息系统存在的不足。

嵌入 PDCA 循环的高校
项目经费管理实践

南京大学

葛晓冬　李　婧　王　健　许　莹

【摘要】PDCA 是英语单词 Plan（计划）、Do（执行）、Check（检查）和 Action（纠正）的第一个字母，PDCA 循环就是按照这样的顺序进行管理，并且循环不止地进行下去的科学程序，始终贯穿于项目管理的全过程。本文旨在介绍南京大学基于 PDCA 循环理念的财政项目经费管理模型，为学校有效实施财政项目经费管理提供帮助。在对项目库实施滚动预算管理的基础上，嵌入 PDCA 循环的思路，实现学校资源的有效配置，提升财政项目经费管理水平，从项目立项到完工全过程进行有效的管理和监督，提高财政资金使用效益，推动学校事业发展。

一、背　景　描　述

（一）单位基本情况

南京大学坐落于钟灵毓秀、虎踞龙盘的金陵古都，是一所历史悠久、声誉卓著的百年名校。其前身是创建于 1902 年的三江师范学堂，此后历经两江师范学堂、南京高等师范学校、国立东南大学、第四中山大学、国立中央大学、国立南京大学等历史时期，于 1950 年更名为南京大学。2017 年，南京大学入选 A 类世界一流大学建设高校名单，15 个学科入选世界一流学科建设名单。作为教育部直属的重点综合性大学，南京大学教学、科研设施先进，在教学、科研和社会服务等各个领域保持良好的发展态势，各项办学指标和综合实力均位居全国高校前列。

南京大学拥有鼓楼、浦口、仙林 3 个校区，有 29 个直属院系，各类学生总计 53000 余人，其中全日制本科生 13196 人，硕士生 12195 人，博士生 6036 人。拥有本科专业 86 个，专业硕士学位授权点 24 个，专业博士学位授权点 1 个，博士学位授权一级学科 41 个，博士学位授权二级学科点 3 个，硕士学位授权一级学科 18 个，硕士学位授权二级学科点 9 个，博士后流动站 38 个。南京大学拥有一支高素质的教师队伍，编制内教职工 4404 人，其中中国科学院院士 29 人，中国工程院院士 3 人，中国科学院外籍院士 1 人，第三世界科学院院士 4 人，俄罗斯科学院院士 1 人，加拿大皇家科学院院士 1 人。

南京大学现有国家实验室（筹）1 个，国家重点实验室 7 个，教育部重点实验室 8 个，国家级 2011 协同创新中心 2 个，教育部人文社会科学重点研究基地 4 个。

（二）单位管理现状分析和存在的主要问题

在 2015 年实行改革之前，学校财务部门负责学校预算的汇总编制，财政项目经费的分配及管理职能集中在各相应职能部门中，项目具体执行则分散在各个院系单位。项目经费的预算、管理与执行存在诸多矛盾，具体如下：

1. 项目经费建设与预算规划脱节

项目管理部门在经费管理过程中，顶层设计和长远规划不足，未兼顾项目建设与资金支出，预算管理重视不够，普遍存在重项目轻预算的问题，尤其在项目预算收集过程中，以预算编制及审核是财务部门的事为由，项目管理部门只负责预算分配不参与预算编制，导致后期预算执行困难、偏差较大。

2. 项目经费资源配置不当

项目管理部门预算管理意识淡薄，在项目资金分配过程中，未将资金分配管理与学校整体规划、年度预算相结合，也未建立完善的项目经费执行考核机制，在经费分配过程中，测算依据不够充分，造成项目经费资源配置不当。

3. 项目经费使用效益低下

在项目经费执行过程中，因缺少预算目标的约束，项目管理部门会疏于管理，即只负责资金分配，后期的跟踪管理缺失，项目经费管理流于形式。经费分配到项目执行部门后，出现项目无明确预算目标，无人管理与问津，存在大量资金沉淀的情况，同时在缺少监督和考核的机制下，存在资产重复购置或被日常公用经费挤占的情况，产生项目经费执行困难与损失浪费并存的情况，整体项目经费使用效益低下。

《财政部关于加强和改进中央部门项目支出预算管理的意见》提出："项目支出按新的管理方式运行，构建以三年滚动规划为牵引，以宏观政策目标为导向，以规范的项目库管理为基础，以预算评审和绩效管理为支撑，以资源合理配置和高效利用为目的，以有效的激励约束机制为保障，规模适度、结构合理、重点突出、管理规范、运转高效的中央部门项目支出预算管理新模式，充分发挥预算的资源配置功能和政策工具作用。"

随着财政部财政项目经费改革的推进，2015 年学校启动了校内财政项目经费管理改革的工作，结合管理会计应用指引的理论基础，嵌入 PDCA 循环管理理念，厘清财政项目的管理流程。

（三）选取 PDCA 循环管理的主要原因

为了解决学校在项目经费管理中存在的问题，财务处结合财政部和教育部对财政项目经费的管理要求，与各项目经费管理部门多次通过专题会议的形式，就管理流程的优化进行探讨。围绕《财政部关于加强和改进中央部门项目支出预算管理的意见》的文件精神，即"目标为导向""项目库管理""绩效管理""三年滚动规划"为流程再造的关键点，决定选取 PDCA 循环管理模型，运用该模型的 Plan（计划）、Do（执行）、Check（检查）和 Action（纠正）的理念，建立财务部门、项目管理部门有效的联动机制，加强项目执行的监督与管理，解决项目建设与预算规划脱节、资源配置不当和经费使用效益低下的问题，提高项目经费使用效益。

二、改革总体设计

（一）设计目标

PDCA 循环管理设计以学校规划为龙头，项目库建设为基石，健全的内部管理为手段，年度项目预算为抓手，构建项目经费管理体系。通过建立嵌入 PDCA 循环的财政项目经费管理体系，加强顶层设计，实现对财政项目支出的合理规划和预算，严格执行，全程监管，绩效考核，建立"全员参与、全额纳入、全程管控"的财政项目管理模型。在对财政项目经费循环滚动的管理过程中，强化目标和绩效导向，以预算管理为核心，做好资源的统筹配置，加强项目的动态监控与管理，提高项目资金使用效益，促进高校内涵式发展，着力提高办学质量和水平。

（二）设计理念

设计理念主要包括管理会计应用指引中的项目管理、预算管理、绩效管理和滚动预算。

（1）项目管理，是指项目各参与方的合作，运用专门的知识、工具和方法，对各项资源进行计划、组织、协调和控制，使项目能够在规定的时间、预算和质量范围内，实现或超过既定目标的管理活动。

（2）预算管理，是指以战略目标为导向，通过对未来一定期间内的经济活动和相应的财务结果进行全面预测和筹划，科学、合理配置单位各项财务和非财务资源，并对执行过程进行监督和分析，对执行结果进行评价和反馈，指导经济活动的改善和调整，进而推动实现单位战略目标的管理活动。

（3）绩效管理，是指单位与所属部门之间就绩效目标及如何实现绩效目标达成共识，从而实现单位目标的管理过程。

（4）滚动预算，是指单位根据上一期预算执行情况和新的预测结果，按既定预算编制周期和滚动频率，对原有的预算方案进行调整和补充，逐期推进的预算编制方法。

PDCA 循环管理就是融合了管理会计中的项目管理、预算管理、绩效管理和滚动预算的理念，将财政项目经费管理与学校整体预算目标相结合，在项目管理中嵌入绩效评价，并将评价结果作为下一步预算安排的关键要素，成为一个周而复始的循环管理。

（三）PDCA 循环的具体内容

PDCA 循环包括以下四个阶段，并首尾相接，持续不断地循环下去。

（1）P（Plan）——计划，包括方针和目标的确定，以及活动规划的制定。

（2）D（Do）——执行，根据已知的信息，设计具体的方法、方案和计划布局；再根据设计和布局，进行具体运作，实现计划内容。

（3）C（Check）——检查，总结执行计划的结果，检查计划与执行结果有无差异，分析出现差异的原因，找出存在问题。

（4）A（Action）——纠正，对总结检查的结果进行处理，对成功的经验加以肯定，并予以标准化；对于失败的教训也要总结，加以改进。对于没有解决的问题，应提交给下一个PDCA循环中去解决。

以上四个过程不是运行一次就结束，而是周而复始的进行，一个循环完了，解决一些问题，未解决的问题进入下一个循环，这样阶梯式上升的。项目管理活动的全部过程，就是计划的制订和组织实现的过程，这个过程就是按照 PDCA 循环，不停顿地周而复始地运转的（见图1）。

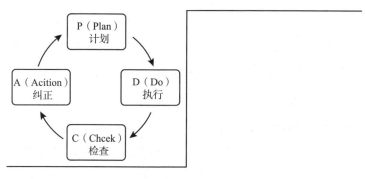

图1　PDCA 循环

（四）PDCA 循环的创新

（1）将分散的财政项目经费与学校整体发展战略、预算相结合，让财政项目经费成为助推学校事业发展的有力保障。

（2）将零散的项目管理业务部门与财务部门相结合，通过目标指引、预算约束、绩效评价的方式，业财融合协同推进。

（3）将固化的定额管理转为动态的循环管理，预算分配与预算执行挂钩，以循环的方式推动事业阶梯式上升。

三、应用过程

（一）单位组织构架

自 2015 年以来，学校落实财政部、教育部《关于改革完善中央高校预算拨款制度的通知》文件精神，按照全面深化改革特别是深化财税体制改革和教育领域综合改革的要求，在财政项目经费管理中，结合学校事业发展，强化顶层设计，相继成立了"'双一流'建设领导小组""中央高校基本科研业务费项目经费工作领导小组""改善基本办学条件项目管理工作领导小组""捐赠配比资金管理工作领导小组""'双创'示范基地建设领导小组"等相关工作小组，加强对财政项目经费组织实施的领导和协调，把握好财政项目管理的方向。

为服务于学校事业发展规划，统筹开展、协同推进各财政项目，学校于 2015 年先后成立了"预算工作领导小组"和"盘活存量资金工作小组"，在财政项目管理过程中建立统筹协调机制，积极推进预算执行进度。

通过对财政项目经费管理进行横向项目管理与纵向财务监管组织的顶层构架搭建，优化资源配置与统筹，推动学校人才培养、科学研究、社会服务、文化传承创新整体水平建设，促进学校内涵式发展。

（二）参与部门及人员

财政项目经费领导小组组长由学校主要领导担任，分管项目经费的副校长、副书记担任领导小组成员。

各财政项目经费领导小组分别下设办公室，根据各项目经费支持的项目建设方向不同，由项目分管校领导担任办公室主任，项目管理的牵头职能部门担任副主任，其他协同项目建设职能部门担任办公室成员。主要参与建设部门包括：校长办公室、学科建设与发展规划办公室、人力资源处、教务处、科学技术处、社会科学处、学生工作处、研究生院、学生就业指导中心、创新创业与成果转化工作办公室、信息化建设与管理办公室、国际合作与交流处、房地产管理处、国有资产管理处、保卫处、基本建设处、发展委员会、财务处等。

预算工作领导小组组长由校长担任，财务副校长担任副组长，各项目主管校领导担任领导小组成员，工作领导小组下设办公室，财务副校长担任管理办公室主任，财务处处长担任副主任，校长办公室、监察处、审计处以及各项目主管牵头职能部处担任办公室成员。

(三) PDCA 部署要求

1. 搭建财政项目建设与财务监管的组织构架

项目建设的组织构架搭建是落实财政项目 PDCA 管理的基础，财务监管的组织构架搭建则是将各财政项目 PDCA 与学校整体事业发展 PDCA 相关联的关键，将横向的项目管理与纵向的财务监管组织构建相结合，搭建学校范围内完整的组织构架网络，为 PDCA 管理落实做好基础铺垫。

2. 落实财政部、教育部政策制度精神

为了配合中央全面深化改革的要求，财务处通过多次会议、座谈、政策宣讲、制度宣传的形式，在校内职能部处以及院系单位中做好推进预算编制、项目管理、执行监督、绩效评价、三年滚动预算等方面的政策解读工作，在学校范围内为 PDCA 管理夯实理论基础。

3. 推动项目库规划建设及预算编制

结合财政部和教育部对学校部门预算工作部署，由财务处牵头做好全校范围内的预算申报工作，推动各项目建设领导小组办公室结合财政项目经费支持方向做好项目预算编制、评审、经费分配、绩效评价等工作，为 PDCA 应用理顺管理路径。

(四) PDCA 应用流程

财政项目管理是一个全面的概念，是一个广度的概念。从项目管理流程的角度来看，PDCA 循环是一个深度的概念。每一个专项的管理都有一个 PDCA 循环，所有的专项管理就形成一个大环套小环、一环扣一环、互相制约、互为补充的有机整体。在 PDCA 循环中，上一级的循环是下一级循环的依据，下一级的循环是上一级循环的落实和具体化。每个 PDCA 循环，都不是在原地周而复始运转，而是如同爬楼梯，每一循环都有新的目标和内容，这意味着经过一次循环，解决了一批问题，管理水平有了新的提高。

PDCA 循环中的"P"主要应用于财政项目规划及预算制定；"D"主要应用于财政项目的预算执行；"C"主要应用于财政项目的预算执行控制及监督；"A"主要应用于财政项目整体执行的绩效评价，并为下一步预算安排提供数据参考（见图 2）。

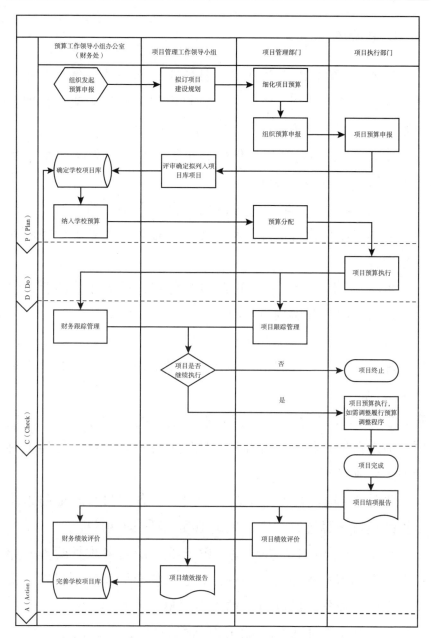

图 2　财政项目经费 PDCA 循环管理

1. P 阶段

步骤 1：预算小组办公室（财务处）结合学校事业发展的总体规划和年度计划，组织发起预算申报，推动各项目管理工作领导小组按照财政项目支持方向做好项目储备工作。

步骤 2：各项目管理工作领导小组结合年度财务预算申报要求，拟订项目经费规划。

步骤 3：各项目经费管理部门结合领导小组的项目经费规划和上年度项目执行情况，从主管的专项领域出发细化领域内预算内容。

步骤 4：各项目经费管理部门结合细化后的预算内容，组织项目执行部门开展预算申报。

步骤 5：项目执行部门按照实际需要申报预算，树立全面预算理念，避免项目漏报、碎片化及重复申报，做实并着力细化基层预算。

步骤 6：项目管理部门围绕事业发展的关键性问题，确定项目绩效目标，将汇总的项目按照重要性进行排序，提请项目管理工作领导小组评审。

步骤 7：项目管理工作领导小组对由各项目管理部门组织申报的项目预算进行评审，确定拟列入项目库项目。

步骤 8：预算小组办公室（财务处）综合各项目管理领导小组提交的拟列入项目库内容，确定高校整体年度项目库。将符合高校事业发展的项目库纳入高校整体预算。

步骤 9：各项目管理部门按照预算批复，做好预算分配。

2. D 阶段

步骤 10：预算执行阶段是整个 PDCA 循环的项目具体落实环节，项目执行部门按照预算内容及绩效目标，组织项目具体实施。

3. C 阶段

步骤 11：由项目管理部门及财务部门定期开展项目与财务跟踪管理，加强预算执行管理的事中控制，包括预算执行进度、预算执行内容等，通过检查，指出项目预算执行中存在的问题。

步骤 12：项目管理工作领导小组结合中期检查结果确定项目是否继续执行。

步骤 13：未通过中期检查的项目终止预算执行。通过中期检查的项目，如在执行中需要预算调整，应结合项目目标履行预算调整及审批程序，确保项目目标的顺利实现。

4. A 阶段

步骤 14：项目实施完成，项目执行部门提交结项报告。

步骤 15：由项目管理部门及财务部门将预算执行与绩效目标相结合，对项目执行情况进行绩效评价，并将项目绩效报告提请项目管理工作领导小组审阅。

步骤 16：项目管理工作领导小组审阅项目绩效报告，并将绩效评价结果作为财政项目经费预算安排的重要依据，完善项目库建设。

财政项目经费管理的过程，就是每一年度预算目标的制定及实现过程。学校运用 PDCA 循环管理理念，在不断总结年度预算管理经验的基础上，实现项目管理水平的持续提升。

（五）主要问题和解决方法

1. 项目管理部门缺少项目规划及预算管理的意识

在 PDCA 循环管理推动的初期，项目管理部门缺少对财政项目经费的规划，没有项目库储备，习惯于预算金额下达后，按照已有的模式直接按院系分配定额资金，项目预算管理意识不足。

面对项目管理部门规划意识淡薄的情况，财务处采用将项目管理部门纳入预算评审体系，推动项目管理部门做实预算及评审。一方面改变原有预算申报模式，由原来院系单位直接向财务处提需求，调整为由财政项目主管部门按照资金性质和专业领域收集预算需求并评审后，再提交到财务处，列入学校预算；另一方面，财务处建立财务联络员制度，在编制预算过程中为项目管理及执行部门提供财务建议，共同做好预算支出和绩效目标。

2. 项目管理及执行部门预算编制的难度较大

项目管理及执行部门在预算推动初期，认为项目的预算都是财务处的事，项目部门只负责项目建设，同时缺少预算编制基础，尤其在预算编制环节增加绩效目标、项目活动支出后，更增加了具体项目负责人的预算编制难度，预算编制基础薄弱。

面对项目部门预算编制基础薄弱的问题，财务处采用前期管理与后期监管结合循序渐进的推进方式，在前期管理中加强宣传与培训，做好财务咨询与服务工作，在后期监管中加强预算约束与控制，对项目负责人报送的预算中的关键支出进行额度管理。在预算的执行约束过程中，项目具体负责人在预算执行落实中会逐步意识到预算编制的重要性，并在第二个 PDCA 循环中增强预算编制的准确性与合理性。

3. 项目经费管理缺失、预算执行偏差较大

因为前期项目预算编制基础薄弱，项目管理部门缺少项目规划的同时，更缺少对项目执行部门跟踪管理，认为只要项目一经预算批复，就无须更多的项目管理跟踪、控制和评价，从而造成预算执行偏差较大的情况。

面对预算执行中存在管理缺失及执行偏差大的问题，财务处采用双管齐下的管理方式，对项目管理部门，采用定期反馈项目预算执行情况形式，加强沟通，推动项目管理部门加强对项目执行的监控；对项目执行部门，采用账务执行跟踪形式对项目进行"回头看"，对预算执行存在问题较大的项目，通过财务控制暂停项目执行，并将情况及时反馈到项目管理部门，或提请项目管理工作领导小组审议。

四、取得成效

(一) 应用 PDCA 循环前后对比

1. 项目管理部门增强项目规划及预算管理的意识

通过采用 PDCA 管理模式，在 P 的环节，即预算环节加强

对预算申报环节的政策改革，将项目管理部门纳入预算管理评审体系中，增强了项目管理部门的责任意识，推动项目主管部门从项目预算收集及评审过程中，做实项目预算，将项目建设真正地与经费分配有机结合，从而进一步在年度预算安排的实际探索中，做好项目经费的中长期规划，切实将长期建设与年度目标相结合，在 PDCA 循环管理的过程中，逐步稳健地推进事业发展长期规划的实现。目前学校已经在中央高校改善基本办学条件专项资金、中央高校教育教学改革专项资金、中央高校基本科研业务费、中央高校建设世界一流大学（学科）和特色发展引导专项资金、中央高校捐赠配比专项资金、中央高校管理改革等绩效拨款六大专项，已经落实三年规划与预算编制工作。

2. 项目管理及执行部门预算编制的准确性增强

通过对 PDCA 管理全覆盖的循环理念在财政项目经费管理中的运用，解决了原来项目经费管理中预算缺乏严谨性的问题。在 P 的环节建立"财务部门—项目管理部门—项目执行部门"的预算编制层层落实与联动机制，促进了学校内部预算编制管理的有效提升；同时在 D 和 C 的环节，采用预算支出额度管理，让项目负责人切实将预算执行与预算编制相结合；在 A 的环节，结合预算执行结果对下一轮预算进行调整，经过几轮 PDCA 循环后，加强预算编制的准确性。

在率先运用"PDCA"理论的改善基本办学条件专项评审中，项目经费评审通过率大幅度提升，如表 1 所示。

项目资金评审通过情况 单位：万元

年度	项目申报金额	项目评审金额	评审通过比率（%）
2015	10649.90	8974.21	84.26
2016	22945.47	20725.84	90.32

3. 项目管理部门增强对经费执行管理意识

通过落实 PDCA 循环管理理念在 C 环节的执行控制，实现了财务部门和项目管理部门协同推进、共同加强对项目经费落实的执行管理。财务处在学校层面按月、按需向项目工作领导小组和项目管理部门报送项目经费执行简报，项目管理部门根据项目经费的执行情况，对具体项目建设进行动态跟踪与管理，根据财政项目经费资金性质及支持方向的不同，财政项目经费管理采用多源化的管理模式，本文选取中央高校改善基本办学条件专项资金、中央高校教育教学改革专项资金、中央高校基本科研业务费三个不同项目管理控制模式进行介绍：

中央高校改善基本办学条件专项资金，维修类与基础设施类项目管理建立从招标方案、合同签订、工程管理到竣工验收的专人跟踪机制；实验室设备购置类项目通过"南京大学实验室建设专项管理系统"，对项目进行全程网上信息化管理。

中央高校教育教学改革专项资金，项目管理部门对预算执行进行实时跟进的方式，根据学校各类本科教学改革项目执行情况，安排学科专家与业务部门联合评审，对预算分配采用动态调整，在保证资金执行进度的同时，围绕项目建设提升经费使用效益。

中央高校基本科研业务费，严格项目负责人负责制，项目负责人根据国家财政项目资金管理的有关规定编制经费预算，对所承担项目经费的使用和管理负主责。在监督环节采用预算支出重点额度控制，项目管理部门根据项目安排情况设置时间节点检查、敦促项目负责人按照预算执行。

（二）对解决管理问题情况的评价

PDCA循环管理的应用，有效解决了预算意识、预算编制、预算执行管理等环节的薄弱问题。从重视基础预算编制工作入手，让各院系、部门全部直接参与到预算编制过程中，做实项目库的建设，有效增强项目经费预算编制的严谨性；项目管理部门参与到预算管理中，增强了执行部门的预算管理意识，通过采用个性化的管理措施，有效地推动项目执行进度、降低预算执行偏差率。

（三）对制定和落实战略的评价

PDCA循环管理模式，通过推动滚动的项目库建设，合理统筹中长期项目预算安排，减少了预算资金安排的不确定性，按照学校中长期规划发展的部署，使项目预算与项目进度相协调，减少预算结转结余资金，有效推动学校事业发展。

（四）对提升管理决策有用性的评价

PDCA循环管理C环节中，通过强化项目管理部门对预算执行进行有效监督管理的落实，促进项目按照预算内容的过程建设，及时发现预算执行的问题，积极有效地做出动态调整的管理决策，确保整体项目预算的顺利执行。这种监督管理机制，在提升项目管理部门管理决策的同时，优化了学校资源配置。

PDCA 循环管理 A 环节，在年度预算安排中嵌入绩效评价，将预算执行绩效评价与预算安排相挂钩，促进项目管理部门加强项目库建设和管理，对下一个循环中的预算分配做好科学规划、合理布局，通过绩效评价的应用为管理决策提供有力支撑。

（五）对提高绩效管理水平的评价

存在于 PDCA 循环中的绩效管理是一套较为独立的循环管理：在 P 环节中，对项目预算细化活动支出后，设定绩效目标；在 D 环节中，用绩效目标作为项目负责人预算执行的指引，做好项目实施；在 C 环节中，绩效目标是预算管理的关键指标；在 A 环节中，绩效目标是项目管理部门进行绩效评价的有效依据。

财政项目经费的 PDCA 循环管理，为绩效管理提供了完整的流程依托，也为绩效管理水平的提升奠定了基础。

五、经 验 总 结

（一）基本应用条件

（1）建立完善的财政项目建设与财务监管的组织构架，为 PDCA 循环管理提供强有力的组织保障。

（2）财务部门应在学校范围内落实财政部、教育部政策制度精神，做好推进预算管理、项目管理、绩效管理、三年滚动预算等方面的政策解读和宣传的工作。

（3）财务部门应结合财政部和教育部对学校部门预算工作部署，推动各项目建设领导小组办公室结合财政项目经费支持方向做好项目预算编制、评审、经费分配、绩效评价等工作。

（二）成功应用的关键因素

（1）权责清晰的管理脉络。学校应明确财务管理部门与项目管理部门的权属范围，建立权责清晰、管理科学、配合有力、协调高效的管理脉络。财务部门应结合学校事业发展做好资金统筹与规划；项目管理部门则在项目管理领域结合项目资金支持范围，做好项目建设的跟踪、控制与评价工作。理清管理脉络是 PDCA 循环管理实现的基础和前提。

（2）财务部门的有效推动。财务部门是财政项目经费PDCA循环管理的纵向管理部门，需要从预算申报、执行控制、绩效评价全程对项目管理部门和项目执行部门进行跟踪，并针对其中存在的问题及流程设计进行动态调整。因此，财务部门的推动是 PDCA 循环管理的实现关键和核心。

（3）项目管理部门的协同配合。项目管理部门是 PDCA 循环管理的重要组成部分，项目目标的实现需要管理部门与财务部门围绕学校事业发展，建立有效的联动机制，积极配合、协同推进。项目管理部门的协同配合是 PDCA 循环管理实现的重要依托。

（4）完善的考核机制。整体 PDCA 循环管理，涉及的管理部门、院系单位较为广泛，并且循环管理并非短期能够完成，需要长期稳步的推进，只有建立完善有效的考核机制，明确权利与责任，用制度约束管理行为、优化管理方式。因此，完善的考核机制是 PDCA 循环管理的保障。

（三）改进方法应用效果的思考

（1）重视 P 环节，确定圆心。以学校的"发展规划"以及子项目的"绩效目标"为圆心，展开一系列活动，围绕"发展规划"，促进项目"绩效目标"的实现。

（2）做好 D 环节，环环相扣。各子项目的绩效目标和工作环环相扣，需要财政项目经费中的财务管理与项目管理的协同推进，在一个接着一个的持续完成中实现财政项目建设的总目标。

（3）完善 C 环节，反复循环。财政项目管理中 PDCA 循环的运用具有"镜子效应"特点，项目管理部门应在对照循环中，完善项目管理的过程，做好预算控制，纠正预算执行偏差，完善分配机制。

（4）运用 A 环节，逐步上升。财政项目管理中 PDCA 循环的运用是具有完成的任务、目标周而复始迈向更新更高的一个台阶，通过对子项目的不断调整与完善，在循环中达到相对完美。

（四）PDCA 应用中的优缺点

1. PDCA 应用中的优点

管理内涵丰富。PDCA 循环管理涵盖了管理会计应用指引中的项目管理、预算管理、绩效管理、滚动预算管理理念，丰富的理论基础为 PDCA 提供。

应用范围广泛。PDCA 循环管理的主体是财政项目经费，在推广过程中具有相对普遍的适用性，应用面较为广泛。

兼容性强。PDCA 循环管理在流程设计上，可以在项目管理控制环节中设计不同的实现手段，按需定制，满足各类不同财政项目经费管理的个性化需求，具有较强的兼容性。

2. PDCA 应用中的缺点

绩效目标设定难度大。PDCA 循环管理中因预算编制环节需要项目负责人对绩效目标进行设定，但绩效目标中指标设定是否能够真实准确地反映项目建设，目前尚缺少对绩效目标统一规范性的衡量标准，在具体落实过程中存在难点。

操作落实具有复杂性。PDCA 循环管理的落实，是需要财务部门与各项目管理部门、执行部门协同合作才能完成，每一类项目资金性质不同，因此在具体预算分配、流程设计、评价标准、执行反馈中都需要进行个性化探索和构建，落实环节具有复杂性。

应用效果存在递延性。因为 PDCA 是针对年度财政项目的流程设计，一个项目的完成至少需要一个年度，建立成熟的完善的 PDCA，需要在不断的周期循环中修订完善，因此应用效果显现也需要较长的周期。

（五）对完善 PDCA 的建议

1. 项目管理制度化建设

财政项目 PDCA 循环管理主要为流程设计，流程的落实需要制度化作为保证，因此完善和细化各类财政项目经费的制度化建设是 PDCA 循环管理的基本保障。在进一步完善 PDCA 中，高校应结合事业发展、财政项目支持方向，切实在动态中做好制度的建设和调整落实工作。

2. 项目管理信息化建设

PDCA 循环管理理念的落实，涉及的部门较多、项目管理类型繁杂，信息化建设是 PDCA 循环管理的重要依托。只有通过项目库的信息化建设，才能有效地将项目管理与财务核算相结合，从而为预算分配、项目执行控制、绩效评价等管理决策提供信息化的支持。

3. 专业化队伍建设

财政项目 PDCA 循环管理是依托于财务部门、项目管理部门以及项目执行部门共同完成的，无论在预算编制的 P 环节，还是预算执行控制的 C 环节，以及绩效评价的 D 环节，均需要专业化的队伍进行管理，因此做好队伍建设，加强业财融合的人才培养，是完善 PDCA 发展的必要保证。

（六）对推广 PDCA 的建议

财政项目经费 PDCA 循环管理，涉及学校整体组织构架及管理流程的搭建与再造，同时存在部门间是否能够有效沟通、项目管理部门是否能够稳步推进、项目执行部门是否能够有效配合等诸多困难。因此，在 PDCA 循环管理的推广过程中，建议高校应结合各事业发展规划以及各类财政项目经费性质，建立中长期规划，因地制宜、有针对性、有规划地逐步推进，并动态调整，以达到能够以 PDCA 的管理模式，促进项目管理优化，推进资源优化配置，提高项目经费支出的使用效益，从而真正实现高校的战略目标。

构建全员参与的高校预算管理体系

北京中医药大学财务处

洪宝林　周宇琼　王　芳　于慧芳　罗　存　王伟晴

【摘要】北京中医药大学一直以来坚持特色发展，把全面建成有特色、高水平、国际知名的研究型大学作为发展战略。预算管理作为学校战略目标实现的重要工具，是一个全员、全过程的综合管理过程，需要对学校近远期发展战略进行系统分析，提出理性化、数量化的立体目标体系，以利于充分发挥财务管理职能、提高资金效益，为学校事业全面发展提供有效的财力保障。自 2013 年起，北京中医药大学开始进行预算管理改革，就学校内部资源配置的合理性、预算执行管控的有效性，不断设计、完善与自身发展战略相适应的预算管理程序。学校以制度建设为保障、信息化建设为实施手段，构建了一套全员参与的高校预算管理体系，为有限的教育经费资源提供了可充分发挥效用的管理平台。

一、背景情况

（一）学校基本情况

北京中医药大学是一所以中医药学为主干学科的全国重点大学，始建于 1956 年，前身为北京中医学院，是国务院批准最早创办的高等中医药院校；1960 年，被中央确定为全国重点高校；1996 年，入选国家"211 工程"重点建设大学；2000 年，与北京针灸骨伤学院合并，组建新的北京中医药大学；2011 年，入选国家"985 工程优势学科创新平台"建设高校；2017 年 9 月，入选"双一流"建设高校，中医学、中西医结合和中药学 3 个学科进入国家一流学科建设行列。学校现有 3 个校区，分别为和平街校区、望京校区和良乡校区。

学校现有教职工 4517 人，其中专任教师 1104 人。学校现有全日制在校生 9934 人，其中本专科生 6213 人，硕士研究生 3064 人，博士研究生 657 人。另有继续教育学生 3237 人，远程教育学生 14128 人，目前全校各类在校生达 27299 人。

学校现设有 18 个教学机构，11 个本科专业，3 个博士后科研流动站。博士学位授权一级学科 3 个，博士学位授权二级学科 42 个，并有 45 个硕士学位学科授予点。学校现有一级学科国家重点学科 2 个，涵盖二级学科国家重点学科 15 个；有国家中医药管理局重点学科 48 个；一级学科北京市重点学科 2 个，二级学科北京市重点学科 8 个。学校现有 4 所直属附属医院。学校有国家临床重点专科 15 个，国家中医药管理局重点专科 35 个。建设全国中医学术流派和全国名老中医药专家传承工作室 42 个，北京中医药"薪火传承 3＋3 工程"名医传承工作站 33 个。另有临床教学基地 36 所，承担着全校学生的临床教学、实习、见习工作。

（二）预算管理改革前面临的问题

北京中医药大学六十载砥砺前行，以"从容自信的办学定力，宁静致远的育人态度，海纳百川的包容胸怀，独立涛头的举旗意识"作为自己独具特色的北中医精神。近年来，中医药事业不断发展，北京中医药大学作为行业首善高校，在中医药改革发展过程中更应当积极承担重任。但随着我国财政改革和高校教育改革的不断深入，学校面临的内外部经济形势已大有不同，原有的预算管理模式已不能满足学校发展战略需求，改革前，学校预算管理面临的问题如下：

1. 预算与学校事业发展规划脱节

预算编制没有依据学校预算年度的各项任务及其所确定的预算目标进行编制，难以发挥学校预算对资源的有效配置作用，缺乏战略规划导向，无法开展预算绩效考核，缺乏对高校发展战略的支持保障作用。

2. 预算管理意识淡薄，预算开放性和透明度不够

预算管理程序上，预算编制与执行没有考虑各预算主体在学校发展战略中应有的自主性和预算执行的积极性，教职工发展意识淡薄，预算参与度低。预算编制与预算执行分离，各预算主体和教职工缺乏对学校整体发展规划的了解和支持，申请预算项目较为局限和随意，只考虑眼前发展，缺乏项目连续性。

3. 预算管理体制不健全，预算执行缺乏控制力

学校预算管理体制不健全，在实际工作中偏重于编制教育部的部门预算。预算主要按照政府收支分类科目进行报送，基本支出预算目标模糊，无法体现学校阶段发展目标，预算执行好坏与预算主体无直接联系，预算资金执行效益难以控制，预

算控制乏力。

针对以上问题，预算管理改革势在必行。学校于 2013 年启动了预算管理改革。

二、预算管理改革总体设计

（一）改革目标

构建与学校自身发展战略相适应的预算管理体系，遵循预算管理规律，设计合理的预算管理程序，以制度建设为保障，以信息化建设为实施手段，充分调动全员参与预算管理的积极性，为有限的教育经费资源提供可充分发挥效用的管理平台。

（二）改革主要内容

就学校内部资源配置的合理性、预算执行管控的有效性，进行针对性的、系统的预算体系设计。使预算管理不只是为了迎合教育部或财政部门的需要，而是立足于切实发挥预算管理的功能：年度预算申报围绕学校年度重点工作开展，根据权责关系对部门预算进行责任分解与落实；制定与之配套的财务规章制度、经济分配政策，使预算管理与会计核算高度统一；制定与之匹配的预算编制流程、预算编制方法和预算内容框架；利用信息化手段，改进工作方式，提高工作效率。

（三）管理会计工具方法的应用

预算管理。学校要求预算管理要坚持战略导向原则，紧紧围绕建设有特色、高水平、国际知名研究型大学的发展战略，科学合理安排资源。建立学校重点工作预算、学院预算和教辅、职能部门预算项目库，平衡学校战略发展与部门短期工作任务的关系，统筹兼顾，突出重点。

在过程控制方面，通过预算事前、事中、事后控制，形成分管校领导牵头论证目标设定、职能部门归口管理审批审核、年终进行绩效评估的立体管控体系。

强调业财融合，学校要求各部门预算编制必须与学校事业发展及部门工作计划紧密结合。强调预算管理的严肃性，加大预算执行的约束力，严格执行"收支两条线"规定，严格审批程序和开支标准，完善内控体系建设，把预算管理的"刚性"原则落实到位。在学校重大的战略决策调整或新增重大建设项目等实际情况发生时，明确预算调整程序，让"柔性"原则发挥作用。

预算管理工具方法的运用，促进学校预算管理向全员参与、全过程干预、全方位涵盖转变，推动了学校预算管理改革的实施。

三、预算管理改革的实施

（一）建立全方位、全过程、全员参与的预算管理体系

1. 全方位

学校预算的"全方位"，一是全口径，它涵盖了学校的一切经济活动，收入、支出预算全覆盖。二是全面涵盖学校年度重点工作，预算申报严格与事业发展相结合。校属二级单位申

报预算，必须先梳理年度工作计划，根据工作内容编制预算。

2. 全程管控

学校预算的"全过程"，体现在学校组织各项经济活动的事前、事中和事后都必须纳入预算管理，即预算管理不仅限于预算编制、分解和下达。而是由预算编制、执行、分析、调整、考核等一系列环节所组成的管理活动。这些全过程活动体现了预算的规划、控制、协调、激励、评价等综合性管理功能的发挥。

3. 全员参与

预算的"全员参与"，包括学校内部各部门、各单位、各岗位，上至学校领导，下至二级单位负责人、各岗位教职工都必须参与预算的编制与实施。使得学校的各个层级、各个单位、各个成员都明确其在学校整体发展中所处的地位、作用和承担的责任，自觉树立预算意识，将自身行动有机地融入学校整体发展和目标实现当中，减少学校内部目标不一致、步调不协调等问题。

（二）明确预算组织机构保障和全员参与的工作职责

根据全员参与预算管理的改革思路，学校形成了以校属各单位为预算申报主体，归口管理部门、各工作领导小组为预算论证主体，财经工作领导小组、党委常委会为预算审批机构的预算组织保障，并通过出台《北京中医药大学预算管理办法》进行制度化、科学化、流程化管理。

具体工作职责为：

学校党委常委会负责批准学校预算和预算调整方案；

财经工作领导小组在学校党委常委会和校长办公会的领导下开展工作，负责对学校预算的安排及调整提出建议和意见，对学校年度预算执行过程实施监督、检查；

学校预算的归口管理单位负责审核学校范围内与本单位职能相关的预算内容，提出预算分配建议数，指导和监督各单位预算执行；

财务处负责学校预算编制的组织和协调工作，负责对学校各单位预算草案进行审核汇总，依据相关规定和学校财力状况，拟订预算建议方案，定期向校领导和上级主管部门报告预算执行情况；

校属各单位按照学校有关管理制度开展预算执行；

各单位负责人对本单位校内预算编制、执行和监督等预算管理工作负责，并对预算资金使用的合理性和效益性负责；

具体到每一位教师及职工，学校要求校属各单位在预算编制时必须组织学院或部门职工大会讨论，大家紧紧围绕"建设什么样的中医药大学，怎样建设中医药大学"对预算编制合理性、必要性、科学性进行广泛论证；

部分教师作为教代会代表及预算论证专家组成员，充分利用自己在专业领域的特长，为学校预算编制、执行、绩效考评出谋划策。

（三）搭建预算管理内容框架，对各类预算进行全口径、结构化、精细化管理

学校预算申报要求对收入预算及支出预算进行全口径申

报。各部门收入预算除学校自筹安排的资金外、要对捐赠收入、对外培训收入及各级财政专项资金安排进行全口径申报。在支出申报方面，学校对校内预算支出进行了结构化管理，对支出预算申报内容建立框架，预算功能更加明确。首先，支出预算申报按照学校重点工作，将校内预算分为学校重点工作预算、学院预算和教辅、职能部门预算三部分。其次，各部分预算进一步明确职能及预算结构，进行精细化管理。学校重点工作预算是按照学校年度重点工作和学校发展规划，必须要开展的项目预算，该项预算按项目管理，批复后由项目主管部门执行管理。学院预算分为基本运行经费、教学经费、学生活动经费等，该分类一方面保障了学院教学经费、学生经费的投入，同时利于学校历史数据统计分析。职能部门预算包括办公经费、常规项目和非常规项目，日常办公经费按照定额标准与人数核定，常规项目根据职能部门工作内容核定，非常规项目为职能部门根据工作计划特别申请的项目。

（四）严格预算执行，加强预算监督

一是强调了预算的严肃性，预算是各部门事业发展的保证。学校要求年度预算方案一经批准，未经法定程序不得变更，各单位必须严格执行，以确保学校预算管理的严肃性和预算执行的约束力。

二是强调预算执行过程中，对预算外收入的管理，必须严格执行学校"收支两条线"的有关规定，严禁私设"小金库"。

三是严格先预算后支出的程序，要求各类预算严格按照国家和学校规定程序和开支标准执行，禁止无预算支出和超预算支出，对于未编列预算但需执行的项目，要通过预算外支出审批程序进行审批，批准后才能执行。

四是根据内部控制工作的推进，对预算审批进行了分级授权设置，对预算内及预算外经费的审批进行了差异化设置，明确小额资金授权下放给学院及职能部门负责人审批，大额资金通过"三重一大"进行集体决策，校领导及归口管理部门根据事权财权相结合的原则对不同额度资金进行事前审批。

五是严格要求预算执行进度，通过各种方式加强全员对预算执行的监督权。每年4月份开始，学校每月召开预算执行协调会，主要对财政专项执行进度进行监督协调，体现的是财经领导小组的监督权；每年年底，各部门预算执行情况要向部门全员公示，体现职工全员监督权；次年教代会要将上一年预决算情况进行汇报，体现教师代表大会的监督权；每月底财务处将财政专项执行进度呈报校领导，并在专项执行微信工作群中进行公示，体现了校领导及执行部门的相互监督权。

（五）通过信息化、制度化、绩效考评等配套措施，保障预算执行

我校2015年开始使用全面预算管理系统，代替了过去手工申报，使申报、审核、批复、执行、监管各环节有效的对接，流程更加清晰透明。实现预算信息与执行信息的对应查询，大大提高信息传递速度，有利于各预算执行单位及时调整预算执行策略，提高工作效率。同时，根据我校校内预算管理

体系，制定配套制度保障预算严格执行，如《北京中医药大学财务管理办法》《北京中医药大学预算管理办法》《北京中医药大学校内预算经费支出审批管理办法》《北京中医药大学财政专项资金管理办法》等，保障预算执行全过程有管理制度作为依据。在年终绩效考评时，财政专项资金及校内预算执行情况作为考评依据纳入绩效考评体系中，预算执行直接与绩效工资挂钩，对于工作推进不力，导致预算执行出现问题的，学校已明确问责程序进行处罚。

（六）深度挖掘预决算数据信息，辅助学校战略决策

预决算数据信息体现了学校事业发展的重点方向，为实现学校战略目标提供着重要支撑。每年教代会财务报告，均要对上一年学校预决算情况进行说明，对上一年度财经政策执行效果及学校财经形势是否稳健进行评价，对本年度预算安排的总体原则及具体方向进行说明，主要目的是利用财经信息向全校教师报告学校短期发展目标的实现程度。2017 年伊始，在分析了学校当年预算收支情况后，校领导责成财务处、科技处、后勤处、资产经营公司等九个部门对如何进一步挖掘学校可持续发展潜力进行深入思考，并提出发展对策。在主管财务校领导的带领下，九个部门进行多轮深入探讨，利用管理会计思维提出学校财经工作的战略导向。在深入分析学校几年来的财务收支结构后，指出学校面临四方面问题，并结合各部门自身工作特点及面临问题，对学校可持续发展提出了工作方案，学校据此形成"开源节流"八大工作思路。根据年底各部门的工作绩效考评结果显示，各项工作稳步推进，成效突出，对缓解

学校特殊历史发展时期的财经压力发挥了积极作用。

（七）改革实施中遇到的主要问题和解决方法

问题一：全校投入预算编制、论证、批复的时间和精力大幅增加，从预算启动，逐级论证至预算批复需经历 2 ~ 3 个月的时间。

解决方法：学校目前进一步加强了归口管理部门的预算决策权，在预算提交财经领导小组会时需经过归口管理部门组织论证，另外，预算编制的时点不断前移，"早启动、早论证、入库管理"已成为校内共识。

问题二：部分二级单位对学校战略及部门事业规划的聚焦不够，预算编制精细化程度不足，全员动员的能力不足，预算执行与事业发展仍有偏差。

解决方法：学校在寒暑假工作会、教代会等涉及学校发展的专题会议中，都设置了中层干部的汇报、讨论环节，不断提升中层干部执政素质，并在年终绩效考评中将预算执行纳入考评体系，明确奖惩措施。

问题三：学校对管理会计中若干工具的使用不够专业，若能把战略地图、滚动预算、成本核算等方法引入全员预算工作中，管理效能将进一步提升。

解决方法：财务处已向学校提交扩编计划，建议学校能够根据目前管理会计的相关要求，在财务处适当增加编制，招聘专岗进一步推进管理会计工作。

四、预算管理改革取得的成效

（一）明确了经费使用的战略导向，提高了资金使用效益

学校传统预算的方式，预算与学校事业发展规划脱节，学校经费缺乏有效统筹，不利于学校整体工作计划的实施。改革以后，预算管理作为学校实现战略目标的重要工具，校内各单位预算编制紧紧围绕学校各阶段发展目标，形成全覆盖、多层次的预算控制体系，具体到每一个工作内容，实现了收入和支出的预算全覆盖。有利于在每年教代会报告、"开源节流"工作报告中充分利用管理会计思维，利用翔实的预算数据分析学校各项事业的进展情况；有利于提高全员预算意识，通过强化预算编制与各部门事业规划结合，预算执行与各部门工作成效结合，在领导干部年终述职时加入预算执行的相应考核内容，大大提高了资金使用效益。

（二）提高了全员预算意识，增强了预算透明度

改革前，学校教职工参与度低，预算编制与预算执行分离，同时预算编制缺乏有效、充分论证。改革后，每一个预算项目经由最基层教职工根据工作计划的具体事项上报二级单位，二级单位论证后，经归口部门审核后形成学校总体预算。预算自下而上，教职工不同程度参与其中，预算意识增强，预算数据更为开放、透明、精细、科学。

（三）完善了预算管理制度，规范了预算管理程序

学校制定了《北京中医药大学预算管理办法》《北京中医药大学校内预算经费支出审批管理办法》等，针对预算管理组织机构、预算管理职责、预算编制、调整、执行以及监督等预算管理程序进行了全方位规范。预算管理各个环节都有法可依、有章可循，保证了预算管理工作的规范性和延续性。

（四）加强了预算执行力度、强化了预算约束力

校属各单位的预算是学校整体事业发展规划、年度工作任务、年度工作预期的具体体现，是各单位对归口管理部门、对学校的"合同"和"承诺"。学校通过全员参与、全员监督及绩效考评等方式，加强了预算执行力度，强化了预算约束力，维护了预算的权威性和严肃性。